QUÉ HAY DE MALO CON EL SOCIALISMO

QUÉ HAY DE MALO CON EL SOCIALISMO

UNA INVESTIGACIÓN BÍBLICA PARA TODOS

DANIEL ALAN BRUBAKER

Think and Tell

El amor no hace mal al prójimo. Por tanto, el amor es el cumplimiento de la ley.

— ROMANOS 13:10

¡Ay de los que llaman al mal bien, y al bien mal, que tienen las tinieblas por luz y la luz por tinieblas, que tienen lo amargo por dulce y lo dulce por amargo!

— ISAÍAS 5:20

Los hombres malvados no entienden de justicia, pero los que buscan al SEÑOR lo entienden todo.

— PROVERBIOS 28:5

ÍNDICE

PREFACIO

Mucho de nuestro mundo deriva, en gran parte desanclado, sobre un mar de relativismo moral. Esta situación no es nueva: fue evidente en la pregunta que Poncio Pilato le hizo a Jesús el (creo) 3 de abril del 33 d.C., "¿Qué es la verdad?"

Cada problema social o político resulta de un alejamiento de lo que Dios ha dicho que es correcto. Aunque este mundo no será restaurado a la justicia perfecta hasta el regreso de Jesús, al menos deberíamos discernir entre el bien y el mal. Jesús llamó a sus seguidores sal y luz, y quienes lo siguen hoy deberían sazonar el mundo con bondad. Los cristianos deberían estar unidos en los asuntos sobre los que Dios ha hablado claramente y rechazar lo que Dios llama pecado. Tal unidad no debe lograrse a costa de un pensamiento grupal acrítico ni de suprimir la discusión y la reflexión. Dentro de ciertas subculturas cristianas liberales, el miedo a la disidencia y el pensamiento grupal son problemas importantes hoy en día. Dios no nos hizo robots; nos dio la capacidad de probar las afirmaciones de la verdad.

En estas páginas me pregunto si el socialismo es algo que alguien puede apoyar sin pecar. Como sugiere el título del libro, creo que la respuesta es 'no'. Cuando sea necesario hacer una excepción, matizar o calificar, confío en que los lectores encontrarán que he añadido esas aclaraciones. Espero evitar el error, por el cual he señalado a otros, de usar deshonestamente la palabra de Dios como un simple recurso para apoyar nuestras propias preferencias. Al leer, te invito a participar activamente. No tomes mi palabra por cierta en ningún punto; verifícalo tú mismo.

Comencé a trabajar en este libro hace casi una década. Primero consideré tomar un enfoque más secular, pero gradualmente me convencí de que el tratamiento teológico directo era lo más necesario para los cristianos, algunos de los cuales hoy están defendiendo lo malo, pensando que es bueno. He escrito para captar la gravedad del tema, pero no para decir todo lo que se podría decir. En el futuro, tal vez escriba más.

Tú y yo somos personas pecadoras, pero podemos trabajar para hacer lo correcto. Que tengamos el coraje de hacer justicia y amar la misericordia, recordando siempre la diferencia. Que no hagamos mal a nuestros vecinos. Que siempre amemos lo que Dios ama y odiemos lo que Él odia.

D. B.

Lovettsville, octubre 2024

AGRADECIMIENTOS

"En la abundancia de consejeros está la victoria" (Proverbios 11:14). Estoy agradecido con cada una de las siguientes personas que leyó porciones de la edición original en inglés de este trabajo y ofreció sugerencias para su mejora: Avigail Brubaker, Elizabeth Brubaker, Latha Brubaker, Rivka Brubaker, Jon Garber, Steve Heyl, Ed Nix y Stan Watson. Xi Van Fleet amablemente ayudó con las estadísticas sobre las víctimas del comunismo. La corrección profesional del texto fue realizada por Leah Garber. Habiendo hecho estos reconocimientos, las deficiencias restantes son de mi propia responsabilidad.

INTRODUCCIÓN

Estás preocupado. Todos los días ves cómo tu nación se está volviendo más anárquica. Multitudes de personas que no pagan impuestos están votando más y más beneficios y cheques para sí mismas, los cuales serán pagados por otros que, sugieren, se les debe hacer cargar con todo eso como un castigo. Luego escuchas a personas—quizá incluso tu pastor o líder de estudio bíblico—insistiendo en que, debido a que la Biblia dice que debemos amar "a los más pequeños de estos", debes apoyar los esquemas de redistribución de la riqueza. En tu corazón sabes que estas políticas están equivocadas. Sientes que la Biblia está siendo malinterpretada en su supuesto apoyo a los programas socialistas, pero realmente no sabes cómo explicar por qué, mucho menos cómo detener esta marcha constante hacia el socialismo.

Imagina un mundo donde las personas comprenden el verdadero significado de la justicia. Un mundo donde puedes confiar en que, sin importar si eres rico o pobre, nacido aquí o en otro lugar, de cualquier raza o condición, la sociedad está unida en su compromiso de buscar la verdad y garantizar que prevalezca la justicia si has sido agraviado. No hay burócrata con una placa de 'Diversidad, Equidad e Inclusión' y resentimiento acumulado, decidiendo cuánto—según tu raza, género, creencias o situación económica—mereces ser perjudicado en nombre de la 'justicia social'.

Tengo buenas noticias para ti. No son noticias de una utopía llena de paz y justicia perfectas justo más allá del horizonte. Dado que las personas son pecadoras, eso es un sueño imposible. Más bien, es una promesa de que, al corregir nuestra comprensión de lo que es la justicia, podemos rechazar la falsa justicia y retomar el camino hacia una sociedad generalmente buena y unida que hace un buen trabajo protegiendo a todos nuestros vecinos del abuso.

Esto es lo que puedes esperar en este libro: En el Capítulo 1, definiremos el socialismo y analizaremos qué lo hace atractivo para algunas personas. Pero no nos detendremos ahí; también haremos una primera presentación de por qué el folleto brillante que vende el socialismo al mundo es, en realidad, una decepción. Desprenderemos la capa superficial y revelaremos lo que yace en el corazón de la cosmovisión socialista y la estructura social, y luego concluiremos con un adelanto de lo que las personas pueden esperar si transforman su sociedad en una 'utopía' socialista.

Nuestro siguiente paso, en el Capítulo 2, será dar un vistazo renovador a lo que la Biblia dice sobre la justicia y sobre la misericordia—ambas cosas que Dios *ama*, pero que *no son lo mismo*. Si no lees más que este capítulo, ya estarás bien encaminado para corregir el error de nuestro tiempo y convertirte en parte de la solución para restaurar la verdadera justicia en la sociedad. El Capítulo 2 es largo—no vi manera sensata de dividirlo—pero es fundamental para lo que sigue.

Libros como *Teoría de la Justicia* de John Rawls (1971), y documentos como la *Declaración Universal de Derechos Humanos* de las Naciones Unidas (1948), y la *Rerum Novarum* de la Iglesia Católica (1891) han presentado la injusticia como si fuera justicia.[1] Dado que nuestro mundo ahora está calibrado según estos estándares torcidos, es de suma importancia que restablezcamos una verdadera medida. El Capítulo 3 examina la característica más definitoria de la justicia: debe ser la misma para todos, sin preferencia por los ricos o los pobres, o de lo contrario no existe en absoluto.

Los defensores del socialismo se presentan regularmente como amantes de los pobres y oprimidos, y a cualquiera que se oponga al socialismo lo retratan como desalmado y sin compasión. Invertimos esa narrativa a lo largo del libro desafiando las afirmaciones de los socialistas de que son ellos quienes realmente se preocupan por los pobres. Pero mientras tanto, en el Capítulo 4, tomaremos un tiempo para recordar cuánto realmente se preocupa Dios por los pobres— y que, dado que Él se preocupa, nosotros también debemos hacerlo.

Los mercados libres y la afirmación de la propiedad, que

---

1. Para mayor claridad, no todo lo relacionado con estas obras es injusto. Los lectores encontrarán una discusión más detallada de estos documentos en el Apéndice: Sobre la Teología de la Liberación.

son justos según un estándar bíblico, darán lugar a una distribución desigual de la riqueza—con algunas personas acumulando una gran cantidad. ¿Qué debemos hacer, entonces, con el mandato de Jesús a Sus discípulos de no adquirir oro ni plata en Mateo 10? ¿Están viviendo en pecado aquellos que buscan ser discípulos de Jesús si adquieren riqueza? ¿Y tenemos alguno de nosotros (o el gobierno) el derecho de ser los árbitros de cuánta riqueza adquiere nuestro vecino? Los socialistas toman una posición sobre estas preguntas; en el Capítulo 5 las ponderaremos, como de costumbre, a la luz de la Biblia.

Los Diez Mandamientos son la base de toda la ley moral de Dios, así como el gran mandamiento (Mateo 22:35-40) es la base de los Diez Mandamientos. No podemos evaluar la justicia según la Biblia si ignoramos las leyes de Dios. Y, si el socialismo no está alineado con los Diez Mandamientos, como el criterio más básico, no hay manera de que pueda considerarse justo. En el Capítulo 6, descubrimos una de las principales razones por las que el socialismo es injusto: viola varios de los Diez Mandamientos.

El trabajo es un imperativo moral. El cuarto mandamiento nos dice que trabajemos durante seis días cada semana, siguiendo el ejemplo de Dios en Su acto de crear todo. ¿Cómo ve la cosmovisión socialista el trabajo y sus frutos, y cómo se ajusta esta visión a lo que Dios dice? Estas son las preguntas que consideraremos en el Capítulo 7.

"¡Espera!" dirá alguien, "la iglesia primitiva en Hechos practicó el socialismo—¡de hecho, esos creyentes practicaron el *comunismo*! ¿No es eso prueba de que Dios respalda tal sistema de propiedad común?" En el Capítulo 8, analizamos la iglesia en Hechos y notamos detalles que revelan que en realidad fue una *afirmación* de la propiedad privada y la decisión del individuo de hacer con ella lo que considere conveniente. La iglesia en Hechos no estaba practicando ni el socialismo ni el comunismo, y después de leer el Capítulo 8, entenderás por qué.

Muchos problemas sociales y políticos existen debido a premisas incuestionadas. Dos premisas incuestionadas conducen a la confusión en torno a las preguntas: "¿Es injusto que la riqueza esté distribuida de manera desigual?" y "¿Es injusto que los trabajadores reciban sueldos diferentes por el mismo trabajo?" La respuesta de Jesús puede sorprenderte. En el Capítulo 9, analizamos una de las afirmaciones bíblicas más claras de que la propiedad privada, los mercados libres, los contratos y el derecho de las personas a establecer salarios en niveles diferentes mediante acuerdo mutuo son todos *justos*.

¿Pero qué pasa cuando Jesús dijo que la persona que tiene dos túnicas debe darle una al que no tiene ninguna? ¿No es eso una clara aprobación de los resultados iguales, de la idea de que la propiedad debe nivelarse entre todos? Primero, fue Juan el Bautista, no Jesús, quien dijo eso. Y segundo, no, Juan no estaba apoyando la redistribución forzada de la riqueza. Estos hechos quedarán claros cuando consideremos los detalles del pasaje en el Capítulo 10.

Como ya habremos establecido en el Capítulo 4, a Dios le gustan los pobres y nosotros también debemos amarlos. ¿Qué significa amar a los pobres en la vida real? El socialismo pretende dar una respuesta—una respuesta que, para este momento, los lectores deberían ver que está fatalmente equivocada. Las instrucciones de Juan discutidas en el Capítulo 10 constituyen un imperativo justo para proveer a los vecinos en necesidad desesperada. En el Capítulo 11 encontramos la instrucción anterior de Dios de que los propietarios de tierras deben dejar los bordes de sus campos sin cosechar —otra provisión justa para los pobres que, como todos los diseños de Dios sobre estos asuntos, no somete a los propietarios de tierras a la injusticia.

Así como Abraham y Sara en Canaán, y más tarde los hijos de Jacob en Egipto, se encontraron siendo extranjeros en una tierra extraña, nosotros todos somos meros visitantes en esta tierra, viviendo aquí por un tiempo corto. Reconocer humildemente ese hecho, mientras también reflejamos el amor de Dios por los demás en nuestras vidas, significa recordar cómo fue para nosotros ser extranjeros necesitados. ¿Qué significa para nosotros dar la bienvenida al extranjero, y cómo funciona esto en situaciones reales? ¿Significa dar la bienvenida al extranjero ignorar las leyes del país? No, según la Biblia, no significa eso, y este tema será considerado en el Capítulo 12.

La disposición de bienes y servicios por parte del propietario a través del intercambio libre (comprar y vender) es uno de los principios más básicos que se repite en la Biblia. Para que exista justicia en estas circunstancias, deben afirmarse varias cosas, incluyendo *la propiedad* de los bienes y el trabajo, *la justicia* del acuerdo entre el comprador y el vendedor, el uso de *pesos y medidas honestos*, y la ejecución de los términos de cualquier acuerdo al que se haya llegado. Estos temas se abordan en el Capítulo 13.

Cuando el pueblo de Dios entró en la Tierra Prometida, Él les mandó devolver los campos y otras propiedades inmobiliarias al dueño original—la persona a quien se le asignó inicialmente, o a sus herederos—cada quincuagésimo año. En el Capítulo 14 discutiremos este sistema y otras reglas asociadas con los años sabáticos y el año del Jubileo—y qué, si acaso, tienen que enseñarnos en nuestro examen del socialismo.

La esclavitud ha existido en diversas formas a lo largo de la historia humana. Cuando la esclavitud es involuntaria (es decir, no elegida), generalmente es injusta. Sin embargo, muchas personas, que reconocen que la servidumbre involuntaria es errónea, no entienden que el socialismo democrático es una forma de servidumbre involuntaria en la que algunas personas utilizan su voto para obligar a otras a trabajar para ellas en contra de su voluntad. Discutir este importante asunto y medirlo en comparación con lo que Dios dice que es justo será nuestra tarea en el Capítulo 15.

A veces, las personas que no conocen la palabra de Dios muestran su ignorancia al escoger una frase bíblica familiar y aplicarla incorrectamente, sin notar cómo se menciona en las Escrituras. En el Capítulo 16, consideraremos una de estas frases, el término 'el guardián de mi hermano'. Aprenderemos que en ninguna parte de la Biblia Dios dice que ser el guardián de nuestro hermano sea algo bueno.

¿Cómo se detecta a un mentiroso? Una forma en que la deshonestidad sale a la luz es cuando la historia comienza a desmoronarse o a ser expuesta por las inconsistencias cuando se aplican los principios. En el Capítulo 17, compararemos cómo la filosofía socialista cae bajo su propio peso y es incoherente en su evaluación de la naturaleza humana al suponer que será diferente según la posición que una persona ocupe en la sociedad. En este capítulo, también revisaremos por qué el sistema que llamamos capitalismo es una manifestación básica de la justicia bíblica en el área de las relaciones económicas humanas.

En el Capítulo 18, revisaremos y ampliaremos las razones por las cuales el socialismo es atractivo para algunas personas, mencionadas por primera vez en el Capítulo 1, para concluir la parte principal del libro con una breve revisión de los diversos tipos de personas que desean el socialismo en el mundo de hoy. Esta presentación nos ayudará a entender y tener compasión por estos vecinos, y también (al ver sus motivaciones) a estar mejor preparados para resistir sus prescripciones para la sociedad mientras seguimos amándolos como seres humanos hechos a imagen de Dios.

En Romanos 12:9 se nos dice: "El amor sea sin hipocresía; aborreciendo lo malo, aplicándose a lo bueno". Ya hemos visto varias veces que toda la Ley y los Profetas se pueden resumir en el mandamiento de amar a Dios, siendo el segundo mandamiento más grande amar a nuestro prójimo como a nosotros mismos. El Capítulo 19 llega a la conclusión: Amar a nuestro prójimo y amar a Dios no es compatible con el apoyo al socialismo democrático. ¿Puede un cristiano abogar por el socialismo? Sí, pero generalmente no sin pecar contra Dios.

El Apéndice contiene una breve historia y análisis de la teología de la liberación, uno de los vehículos mediante los cuales los marxistas han infiltrado y secuestrado muchas iglesias cristianas que no discernieron.

∽

Soy un cristiano que ha leído su Biblia. También soy académico, con un doctorado en Estudios Religiosos de la Universidad de Rice (2014). Tal estudio académico lleva a algunos cristianos a perder su fe. No es así en mi caso. Mi fundamento fue establecido a lo largo de los años, incluyendo mi etapa como estudiante en Biología Celular y Molecular en la Universidad de Washington, luego como esposo trabajando para apoyar a mi esposa durante su escuela de medicina, y luego como estudiante de doctorado en la historia temprana del Corán—todo mientras me mantenía involucrado de diversas maneras como anciano, tesorero, líder de adoración, maestro de la escuela dominical, profesor, gideón y autor sirviendo en nuestra iglesia local, dondequiera que estuviéramos.

Hay dos elementos más relevantes para mis credenciales para escribir este libro. El primero es que soy un escritor cuidadoso. El segundo es el hecho de que a lo largo de mi vida adulta he tratado de mantener mis entendimientos políticos alineados con la Biblia, mientras también aplicaba este ancla moral a las grandes cuestiones políticas de nuestro tiempo. Solo de este ejercicio, tengo una cierta sensibilidad moral, y un sano celo, que espero sea de beneficio para ti.

Concluyo esta introducción con dos desafíos. Primero, por favor lee este libro hasta el final—y disfruta al hacerlo. Y segundo, Santiago 1:22-25 nos recuerda:

Sean hacedores de la palabra y no solamente oidores que se engañan a sí mismos. Porque si alguien es oidor de la palabra, y no hacedor, es semejante a un hombre que mira su rostro natural en un espejo; pues después de mirarse a sí mismo e irse, inmediatamente se olvida de qué clase de persona es. Pero el que mira atentamente a la ley perfecta, la ley de la libertad, y permanece en ella, no habiéndose vuelto un oidor olvidadizo sino un hacedor eficaz, este será bienaventurado en lo que hace.

En las páginas que siguen, que puedas encontrarte cara a cara con el espejo de la palabra de Dios—aunque aún no seas cristiano. En Su palabra, que reflexiones sobre tu propia imagen, y luego vayas y apliques estas lecciones para establecer la verdadera justicia y la genuina misericordia por el bien de todos nuestros vecinos en esta generación.

1

¿QUÉ ES EL SOCIALISMO?

"Es solo un contrato estándar; no hace falta leer la letra pequeña", dice el vendedor de autos usados, mientras sonríe de oreja a oreja. Sus ojos son tan sinceros que te encuentras pensando: "Este hombre no me engañaría; realmente se preocupa por mí".

El vendedor ha evaluado que eres una víctima fácil y ve una oportunidad para deshacerse de un coche defectuoso. Evita mencionar los problemas del vehículo. Te distrae, te relaja con palabras suaves y apresura la venta antes de que tengas tiempo de darte cuenta de lo que está sucediendo.

El socialismo gana terreno de la misma manera. Al igual que el brillante automóvil que llamó tu atención en el lote, el socialismo da una buena primera impresión. Pero como no es evidentemente bueno al examinarlo, sus defensores emplean una venta astuta y campañas de relaciones públicas pulidas para ganarse a una masa crítica del electorado.

Este libro trata sobre el socialismo. Pero, ¿qué significa esa palabra? ¿Qué es el socialismo, qué hace y cómo funciona? Más importante aún, ¿qué efecto tiene sobre las personas reales que viven bajo él?

La palabra 'socialismo' fue acuñada en Inglaterra en la década de 1820.[1] El socialismo es un término que agrupa una familia de sistemas económicos que niegan la existencia de un derecho humano al fruto del propio trabajo, mientras imaginan un derecho humano ocasional sobre el fruto del trabajo ajeno.[2] Las características centrales del socialismo incluyen un impulso hacia el pseudo-igualitarismo, la abolición de los derechos absolutos de propiedad privada, el rechazo de las libertades civiles y la afirmación de que el gobierno debe gestionar las economías y determinar la distribución y el uso de bienes y servicios.

Karl Marx (1818-1883) y Friedrich Engels (1820-1895), ambos hombres de privilegio, consideraron al socialismo (que ya había sido derrotado intelectualmente para cuando ellos escribieron)[3] el primero en un proceso de dos etapas que lleva del capitalismo al comunismo. También identificaron el comunismo como socialismo. En el *Manifiesto Comunista*, Engels escribió:

---

1. Van Der Linden, Marcel, ed., *The Cambridge History of Socialism* (Cambridge: Cambridge University Press, 2023). 4-7.

2. Aunque los socialistas no suelen presentar su ideología de esta manera, he resumido con precisión su premisa esencial.

3. Ludwig Von Mises, *Marxism Unmasked: From Delusion to Destruction*, (Auburn: Foundation for Economic Education, 2006), 8.

La historia del *Manifiesto* refleja, en gran medida, la historia del movimiento moderno de la clase trabajadora; en la actualidad, es indudablemente la obra más difundida y más internacional de toda la literatura socialista, la plataforma común reconocida por millones de trabajadores desde Siberia hasta California.[4]

En la medida en que Marx y Engels hicieron una distinción entre los dos, generalmente fue para señalar que el comunismo es simplemente un tipo de socialismo más abierto en su aceptación de la revolución abierta como la mejor manera de lograr la abolición de la propiedad privada e implementar la propiedad estatal (es decir, el monopolio gubernamental) de los medios de producción:

En Francia, los comunistas se alían con los socialdemócratas ... En todos estos movimientos, plantean como cuestión principal, en cada caso, la cuestión de la propiedad ... Los comunistas desprecian ocultar sus ideas y objetivos. Declaran abiertamente que sus fines solo pueden alcanzarse mediante el derrocamiento forzoso de todas las condiciones sociales existentes. Que las clases dominantes tiemblen ante una revolución comunista.[5]

La comunista Rosa Luxemburg, escribiendo en *Reforma o*

---

4. Karl Marx and Frederick Engels, *The Communist Manifesto* (Nueva York: International Publishers, 1948), 5. Traducido de la edición en inglés.
5. Ibid., 43-44. Traducido de la edición en inglés.

Revolución, presentó el socialismo como un paso que las personas dentro de un sistema capitalista podrían ser persuadidas a adoptar:

> El mayor logro del movimiento proletario en desarrollo ha sido el descubrimiento de bases de apoyo para la realización del socialismo en *las condiciones económicas* de la sociedad capitalista. Como resultado de este descubrimiento, el socialismo dejó de ser un sueño "ideal" de la humanidad durante miles de años para convertirse en una *necesidad histórica*.[6]

Uno de los libros más populares de Engels, *El socialismo: utópico y científico* (originalmente *Socialisme utopique et Socialisme scientifique*), publicado en 1880, revela que la teoría es un castillo de naipes, construido con pasión pero de manera descuidada. El libro está lleno de elogios a modas contemporáneas, como si fueran conclusiones científicas establecidas.

Por ejemplo, para apoyar su afirmación de que no existe la verdad absoluta, Engels escribió que los científicos no pueden discernir si un feto está vivo o no. Basándose en esta afirmación, presentó la dialéctica de Hegel como más correcta que la ciencia.[7] En otro lugar, Engels afirmó que

---

6. Rosa Luxemburg, *Reform or Revolution* (Nueva York: Pathfinder Press, 1970), 35. Traducido de la edición en inglés.

7. Frederick Engels, *Socialism: Utopian and Scientific, Translated: From The French By Edward Aveling*, Sanage Publishing. A juzgar por el debate continuo incluso hoy en día entre los partidarios no científicos del socialismo sobre si

Darwin "dio el golpe más fuerte a la concepción metafísica de la Naturaleza al demostrar que todos los seres orgánicos, plantas, animales y el hombre mismo, son productos de un proceso de evolución que ocurre a lo largo de millones de años."[8] Sin embargo, ningún científico cuidadoso se refiere a la teoría de Darwin como una prueba; es una teoría.

Engels afirmó que la concepción materialista de la historia y la revelación de la producción capitalista a través del valor excedente—lo que él denominó "dos grandes descubrimientos"—transformaron el socialismo en "una ciencia."[9] Que el socialismo en el siglo XIX fuera, de hecho, una mania impulsada por una ola de modas sociales y teorías pseudo-científicas de la época, debió haber sido evidente para todos a partir de los detalles de la defensa de Engels del 'socialismo científico', pero solo una fracción del público parecía tener la voluntad o la capacidad de hacer esta evaluación.

En última instancia, todo socialismo, al avalar el robo del trabajo, es autoritario. El sistema socialista adopta diferentes máscaras, detrás de cada una de las cuales siempre se encuentra el mismo rostro. Dicho de otro modo, el guante de terciopelo siempre cubre un puño de hierro. Quien resista las cadenas de los opresores pronto se encontrará obligado por la fuerza del estado. Entre los programas socialistas reales en la historia reciente de los Estados Unidos se encuentran la

---

un feto está vivo, podemos concluir que el movimiento ha hecho muy poco progreso intelectual en los últimos 150 años.

8. Ibid., 55.

9. Ibid., 61.

'condonación' de préstamos estudiantiles, el control de alquileres, la 'vivienda asequible,' la Sección 8, el 'bienestar,' EBT, WIC, SNAP, el impuesto progresivo sobre la renta, la atención médica de pago único, los créditos fiscales que dan 'reembolsos' a quienes no pagaron impuestos, y cualquier otro esquema gubernamental que traslade la riqueza de unas personas a otras sin el consentimiento de los contribuyentes.[10] Tales programas son doblemente injustos cuando excluyen a algunos (típicamente a aquellos que los están financiando) del acceso al beneficio.

¿Es socialismo?

El socialismo contiene la palabra 'social', pero ser 'social' o incluso 'cooperativo' no es algo único ni particularmente descriptivo del socialismo. De hecho, el socialismo es bastante *antisocial*, ya que santifica la codicia, la avaricia y la infracción de los derechos más básicos de propiedad de los que son minoría. El capitalismo, que afirma los contratos entre personas y el derecho a la propiedad adquirida a través del trabajo, el regalo o el intercambio, es posiblemente un sistema económico mucho más social.

Los defensores del socialismo a veces presionan a los críticos con preguntas como: "¿No quieres carreteras y escue-las?"—como si estas no pudieran financiarse aparte de un

---

10. EBT = Transferencia Electrónica de Beneficios; WIC = Programa Especial de Nutrición Suplementaria para Mujeres, Infantes y Niños; SNAP = Programa de Asistencia Nutricional Suplementaria (anteriormente cupones de alimentos). Estos son programas del gobierno de los Estados Unidos.

sistema socialista. Pero los países no socialistas financian regularmente tales infraestructuras e instituciones importantes. Aquí hay algunas actividades gubernamentales comunes que no son socialismo:

- Impuestos legales que traten a todos por igual, sin importar la riqueza, los ingresos u otros factores
- Financiación de las actividades gubernamentales básicas, incluyendo la defensa nacional y las funciones ejecutiva, legislativa y judicial, a través de una tributación justa
- Financiación de la infraestructura pública o servicios como carreteras, puentes y escuelas, a través de una tributación justa
- Financiación para la salud pública y la seguridad a través de una tributación justa
- El sistema de Seguridad Social de los Estados Unidos, en la medida en que simplemente paga a los ciudadanos en sus últimos años el dinero que previamente se les hizo contribuir

¿Qué hay de la vida comunal voluntaria? El unirse adultos de manera libre y consentida para juntar sus recursos ha sido llamado socialismo por algunos y fue practicado por los primeros cristianos, como veremos en el Capítulo 8. Sin embargo, dado que su fundamento—la afirmación de la propiedad—se opone a la premisa del socialismo, creemos que tal arreglo es mejor definido no como socialismo, sino como 'vida cooperativa' o algo similar. Tal disposición puede conllevar riesgos de abuso y manipulación, y puede dejar a los participantes marcados, dependientes y atrapados si alguna vez cambian de opinión, pero el aspecto voluntario elimina la nube moral del robo de la ecuación y lo deja como una especie generalmente benigna de asociación libre. La vida comunal voluntaria o la propiedad común puede merecer una crítica dependiendo de los detalles, pero no suele bajar al nivel de 'socialismo.'

¿Cómo y por qué avanza el socialismo?

La estrategia socialista implica manipular las condiciones económicas en perjuicio de la mayoría, y luego aprovechar la codicia, la envidia o la desesperación populares para socavar la propiedad legal de cada individuo sobre su trabajo y sus frutos.[11] La incautación gubernamental de propiedad privada y la 'redistribución equitativa' son el resultado, y en el nuevo entorno de incentivos suprimidos o abolidos para el emprendimiento, sigue el monopolio y control central del gobierno.

El principal atractivo del socialismo es la promesa de un sistema en el que todos tendrán cubiertas las necesidades básicas de la vida, y que el hecho de quitarles esa preocupación de los hombres es algo bueno tanto para ellos como para la sociedad. En los países socialistas, las personas no

---

11. En este libro empleo la convención (estándar en Español hasta hace poco) de escribir "él," "lo," y "su" o "suyo" cuando se usan en un contexto no específico, para significar genéricamente "él o ella," "lo o la," y "suyo o suya," respectivamente.

pagan directamente por las visitas al médico o los servicios médicos que utilizan. La universidad es 'gratis'. Incluso puedes tener vivienda 'gratuita' o muy subsidiada, y es posible que recibas un ingreso mensual enviado por el gobierno. ¿Suena todo esto bien? Claro, si no eres tú quien está pagando la cuenta de todos esos bienes y servicios.

Y aun para aquellos que generalmente están en el lado receptor, es agradable hasta que deja de serlo—como descubrieron los padres de Charlie Gard (quienes conocerás más adelante en este libro). La realidad de los sistemas socialistas no siempre es tan hermosa como sugiere el folleto. La calidad del servicio suele ser mediocre e insensible, los hospitales no suelen tener el mejor y más moderno equipo, los profesionales médicos son modestamente compensados, a menudo hay largas esperas para los procedimientos y hay poca oportunidad para la rendición de cuentas cuando las cosas salen mal. Una vez que el sistema está en marcha, a menudo es inútil luchar contra él o quejarse.

Una de las condiciones previas necesarias para que el socialismo se arraigue democráticamente es que más de la mitad de la población esté dispuesta y motivada a esclavizar a sus vecinos. Tal circunstancia es difícil de lograr cuando la mayoría de las personas cree que pueden llegar a fin de mes y mejorar su condición mediante medios honestos. Es por esta razón que en sociedades pre-socialistas como los Estados Unidos, los defensores del socialismo diseñan políticas para empobrecer a una masa crítica de personas, moviendo a tantos como sea posible fuera de una relativa estabilidad financiera y hacia la dependencia. Es por esto que, por ejemplo, la ley de 2009 en EE. UU. llamada Obamacare—tal como fue aprobada originalmente—fue diseñada para aumentar drásticamente los costos de atención médica mientras hacía imposible sobrevivir en el negocio del seguro de salud sin subsidio gubernamental. El propósito no expresado de Obamacare era enriquecer enormemente a unos pocos en la cima, mientras drenaba los ahorros de los estadounidenses de clase media y movía a muchos más a un estado de desesperanza, bajo el cual podrían votar por políticos que prometieran redistribuir la riqueza.

Los derechos humanos siempre son un obstáculo para el socialismo. Técnicamente, en mi opinión, el socialismo se volvió ilegal en los Estados Unidos con la aprobación de la 13.ª Enmienda el 6 de diciembre de 1865. Esta enmienda abolió la servidumbre involuntaria, de la cual el socialismo democrático es un tipo. Sin embargo, la redistribución forzada de la riqueza aún no ha sido impugnada, hasta donde yo sé, por estos motivos, por lo que, al momento de escribir esto, la mía sigue siendo una teoría no probada. Discutiremos este asunto con más detalle más adelante.

Reduciéndolo a la esencia

El socialismo es una filosofía materialista; por lo tanto, trata a las personas como animales, desprecia los derechos humanos y, con frecuencia, apoya el asesinato en formas como el aborto electivo, la eutanasia y/o la eliminación de oponentes políticos. Para los socialistas, la justicia es, en última instancia, inseparable de la distribución de la riqueza entre las personas. La afirmación moral fundamental de los socialistas es que la desigualdad material es injusta. En un sistema socialista, la participación no es voluntaria y nadie tiene permitido optar por no participar. Como tal, el socialismo es totalitario.

Al negar la propiedad y su disposición mientras insiste en que nadie puede estar satisfecho en la vida mientras haya alguien (sin importar el motivo) que disfrute de una existencia material más agradable, el socialismo reemplaza un saludable temor a Dios con egoísmo y odio hacia el prójimo. En lugar de un intercambio justo —por ejemplo, 'Te daré algo que tengo y que deseas, a cambio de algo que tienes y estás dispuesto a dar'—, eleva el poder bruto. El socialismo dice: 'Quiero lo que tú tienes, y lo que yo quiero es lo único que importa.'

Aunque algunos socialistas profesan la fe cristiana, a menudo tratan las escrituras de manera descuidada. El pastor Tim Keller,[12] por ejemplo, propuso reemplazar "justicia y misericordia" en la Biblia con "justicia social":

El SEÑOR ama la justicia social; la tierra está llena de su amor inagotable. Salmos 33:5 [versión de Tim Keller].

---

12. Timothy F. Kauffman, "Workers of the Church, Unite!: The Radical Marxist Foundation of Tim Keller's Social Gospel ["¡Trabajadores de la iglesia, uníos!: El fundamento marxista radical del evangelio social de Tim Keller"]," *Trinity Review* 317-318, (2014): 1-16. Véase también Megan Basham, *Shepherds For Sale* (Nueva York: Broadside Books, 2024), y Rod Dreher, *Live Not By Lies* (Nueva York: Sentinel, 2020).

Esto es lo que dice el SEÑOR: "Que no se gloríe el sabio en su sabiduría, ni el fuerte en su fuerza, ni el rico en sus riquezas, pero si alguien ha de gloriarse, que se gloríe en esto: en que me entiende y me conoce, que yo soy el SEÑOR, que ejerzo bondad y justicia social en la tierra, porque en esto me deleito," declara el SEÑOR. Jeremías 9:23-24 [versión de Tim Keller].[13]

Los sistemas socialistas incluyen, primero, los de Vladimir Lenin, Joseph Stalin, Mao Zedong, Pol Pot, Che Guevara, Kim Il Sung y Bill Ayers; es decir, el comunismo. Este tipo de sistema siempre incluye revolución y asesinato de opositores políticos, comúnmente etiquetados como 'enemigos del Estado.' El comunismo rara vez cuenta con el apoyo de la mayoría; cuando llega al poder, lo hace mediante la actividad estratégica de un grupo de activistas bien organizado y altamente motivado.

En segundo lugar, está el denominado 'socialismo democrático,' que permite a algunos apoderarse de la propiedad de otros al elegir a políticos redistribuidores de la riqueza. Aquí encontramos Woodrow Wilson, Adolph Hitler, Franklin D. Roosevelt, Howard Zinn, Saul Alinsky, Barack Obama, Nicolás Maduro, Eugene V. Debs, Elizabeth Warren, Alexandria Ocasio-Cortez, Gustavo Petro, Luis Arce, Pablo Iglesias Turrión, Yanis Varoufakis, Kamala Harris, y Bernie Sanders. El comunismo y el 'socialismo democrático'

---

13. Tim Keller, *Generous Justice*, Penguin, (New York: Dutton, 2010), 14-15. Traducido de la edición en inglés.

rechazan ambos los mercados libres, niegan el derecho a los frutos del propio trabajo y respaldan la esclavitud.

Resumen del capítulo

El socialismo, una filosofía materialista que rechaza la propiedad individual del trabajo y sus frutos, se caracteriza por el control absoluto del gobierno sobre la propiedad. El socialismo afirma que la distribución de la riqueza determina la justicia. Todo el socialismo rechaza ya sea la existencia de Dios o la autoridad de la Biblia, a pesar de que, en ocasiones, hace referencia a ellas. El comunismo, el objetivo silencioso de muchos socialistas, es una forma avanzada del socialismo. Karl Marx y Friedrich Engels, así como los marxistas-leninistas, ven el socialismo como el primer paso en un proceso de dos etapas hacia la propiedad total del gobierno sobre los medios de producción, lo que también se conoce como Comunismo.

2

JUSTICIA NO ES MISERICORDIA, NI VICEVERSA

Sara estaba muy feliz, y un poco nerviosa, de estar conduciendo por su cuenta por primera vez. Había cumplido recientemente dieciséis años y acababa de aprobar su examen de manejo para obtener su licencia de conducir. ¡Qué buena sensación!

Era un día hermoso cuando Sara salió de su entrada y comenzó a acelerar lentamente. En la intersección, llegó a una señal octagonal roja con la palabra "ALTO". Por supuesto, sabía que esta señal significaba que debía detenerse por completo y mirar en ambas direcciones antes de continuar.

Pero, ¿y si Sara hubiera llegado a la conclusión de que la palabra "alto" realmente significa "continúa sin detenerte"? No pasaría mucho tiempo antes de que Sara se encontrara con serios problemas y se convirtiera en un verdadero peligro tanto para ella misma como para los demás.

En cualquier comunicación existe la posibilidad de

pérdida de significado, porque el lenguaje es solo un símbolo que representa algo más, y porque las palabras son *multivalentes*, es decir, generalmente tienen múltiples significados o matices de significado. Esta flexibilidad hace que el lenguaje sea increíblemente útil, pero también deja la puerta abierta a la degradación o distorsión de un mensaje como resultado de la imprudencia o manipulación maliciosa.

Pero eso no es todo. Otro factor que puede llevar a malentendidos es cuando un receptor asigna intencionalmente algún significado a una palabra que no estaba presente en la mente de quien se comunicó en primer lugar. En el ejemplo anterior, si Sara decidiera que simplemente no le gusta "alto" tal como generalmente se entiende, y comenzara a insistir personalmente en que realmente significa algo diferente de su sentido literal, iría en contra de la expectativa de quienes colocaron la señal. Actuar según su nueva definición al acercarse a las señales de alto podría dar lugar a que las autoridades competentes la responsabilizaran por cualquier daño que causara.

No hay razón para que malinterpretemos la Biblia, porque además de su significado claro, el Espíritu Santo nos ayuda (Juan 14:26), y Dios ha prometido sabiduría a todos los que se la pidan (Santiago 1:5). Pero cuando las personas no están interesadas en escuchar de parte de Dios, la historia es diferente. Muchos hoy en día tratan la Biblia como una herramienta para avanzar en sus propios propósitos. No es nada nuevo, y realmente no es de extrañar, ya que "la Biblia dice" hace que la gente se detenga y escuche.

Cuando recibes un mensaje de un amigo, probablemente

quieras leerlo para saber lo que él quiere decir. Es cierto que hay ocasiones en las que malinterpretas un mensaje porque las palabras eran ambiguas, o porque no puedes ver las expresiones faciales del remitente ni oír su tono de voz. Pero rara vez haces un esfuerzo por leer las palabras de una manera contraria a lo que el remitente quiso decir.

La Biblia es la carta de Dios para ti y para mí. Cuando nos acercamos a ella, debemos verla como tal. No es una herramienta multifuncional que se debe usar para satisfacer nuestras preferencias o agendas personales. El enfoque correcto hacia la Biblia es esforzarnos por determinar lo que su Autor quiere que entendamos. Leer la Biblia para escuchar lo que Dios está diciendo significa que no debemos jugar con el lenguaje; también significa que debemos tener cuidado con otros que puedan estar haciéndolo.

La justicia no es misericordia

La justicia es una palabra poderosa, y por esta razón muchas personas intentan apropiarse de ella. Incluso aquellos que abiertamente apoyan lo que es el mal más evidente, a veces afirman ser los verdaderos campeones de la justicia. Sin embargo, si una palabra lo significa todo, entonces no significa nada. Así que, tomemos un momento para aclarar lo que la Biblia dice acerca de la justicia.

Para empezar, la Biblia dice que *Dios ama la justicia.* Salmo 33:5 dice, "Él ama la justicia y el derecho; llena está la tierra de la misericordia del Señor," y Salmo 37:28 nos dice, "Porque el Señor ama la justicia, y no abandona a Sus santos." Vale la pena señalar que la palabra hebrea traducida como "misericordia" en el Salmo 33:5 es ḥeṣed, que a veces también se traduce como "misericordia," dependiendo del contexto. Volveremos a este tema más adelante, pero por ahora, solo observa que la justicia y la misericordia son mencionadas a menudo juntas en la Biblia.

Entonces, Dios ama la justicia, pero ¿qué tan importante es para Él, realmente? La Biblia responde: "El hacer justicia y derecho es más deseado por el SEÑOR que el sacrificio" (Proverbios 21:3). Y recuerda que Jesús tuvo estas duras palabras para los maestros de la ley: "¡Ay de ustedes, escribas y fariseos, hipócritas que pagan el diezmo de la menta, del anís y del comino, y han descuidado los preceptos más importantes de la ley: la justicia, la misericordia y la fidelidad! Estas son las cosas que debían haber hecho, sin descuidar aquellas" (Mateo 23:23; compara con Lucas 11:42).

¿Qué más dice la Biblia acerca de la justicia? Dice que la justicia *se puede practicar*, y que hacerlo es parte de lo que se necesita para vivir delante de Dios:

> "Pero el hombre que es justo, y practica el derecho y la justi-
> cia, no come en los santuarios de los montes ni levanta sus
> ojos a los ídolos de la casa de Israel. No deshonra a la mujer
> de su prójimo, ni se acerca a una mujer durante su
> menstruación. Ese hombre no oprime a nadie, sino que
> devuelve al deudor su prenda; no comete robo, sino que da
> su pan al hambriento y cubre con ropa al desnudo. No
> presta dinero a interés ni exige con usura, retrae su mano de
> la maldad y hace juicio verdadero entre hombre y hombre.

También anda en Mis estatutos y Mis ordenanzas obrando fielmente, ese hombre es justo; ciertamente vivirá", declara el Señor Dios.(Ezequiel 18:5-9)

Observa que la atención de Dios en los versículos anteriores está sobre *el individuo*, cómo camina día a día, lo que hace y lo que se abstiene de hacer, cómo actúa hacia Dios y en su relación con otras personas, y así sucesivamente. Aunque la justicia es solo uno de los elementos en la lista de lo que este hombre hace, la palabra "justicia" aparece nuevamente cerca del final: el hombre actúa justamente en sus propios tratos con los demás, y ejecuta verdadera justicia entre los demás—presumiblemente cuando se le llama o se encuentra en una situación que justifica su intervención.

La presentación de la justicia como algo que se practica también se ve en Ezequiel 18:19, 33:16 y 45:9. Ezequiel 18:21 y 27, y 33:19 agregan que la práctica de la justicia está asociada con el hecho de que el hombre se aparta de su pecado y su maldad. Se puede *caminar en* justicia (Proverbios 8:20)—es decir, la justicia no es algo que se haga ocasionalmente, sino algo que debe caracterizar nuestro curso de vida (véase, por ejemplo, Efesios 4:1, 5:8, 1 Juan 2:6). Así que, sabemos cómo se siente Dios acerca de la justicia: es algo que las personas deben practicar y caminar en ello, y está asociado con apartarse del pecado y de la maldad. Continuemos.

La justicia bíblica tiene mucho que ver con las relaciones entre las personas en términos de contratos e intercambios. ¿Le importa al Dios del universo los pleitos entre las personas aquí en la tierra? En realidad, sí, le importa: "Privar del derecho a un hombre en presencia del Altísimo, defraudar a un hombre en su litigio: estas cosas no aprueba el Señor" (Lamentaciones 3:35-36). Observa que un hombre puede ser privado de justicia "ante Dios." Sabemos por el Salmo 139:7— que dice, "¿Adónde me iré de Tu Espíritu?"—Y en otros lugares sabemos que Dios está presente en todas partes y en todo momento. Así que, es seguro concluir que debemos a las personas justicia en todo momento, y lo único que nos queda por preguntar es: ¿Qué significa privar a un hombre de justicia?

Aunque la justicia no se limita al intercambio de bienes y servicios, la Biblia la enmarca más a menudo en términos económicos. La característica básica de la justicia, descubrimos, es *un estándar equitativo* que se aplica de manera consistente para todos. Volveremos a este aspecto tan importante en el Capítulo 13.

¿Es la justicia imposible? No, la Biblia dice que la justicia en las relaciones humanas *sí se puede hacer*. Jeremías 22:3 dice: "Practiquen el derecho y la justicia, y liberen al despojado de manos de su opresor. Tampoco maltraten ni hagan violencia al extranjero, al huérfano o a la viuda, ni derramen sangre inocente en este lugar." Observa aquí que la justicia que Dios manda no se limita a nuestras propias preocupaciones, sino que también incluye ayudar a otros que están siendo tratados injustamente.

La justicia puede ser *hablada*, y es hablada por la boca de los justos (Salmo 37:30). La injusticia puede ser rechazada, y la justicia practicada (Ezequiel 33:14). La justicia puede ser aprendida y debe ser buscada (Isaías 1:17). Dios guarda los caminos de la justicia, los cuales se pueden discernir (Proverbios 2:8-9). Las personas humildes serán guiadas y enseñadas por Dios en la justicia (Salmo 25:9). Debemos temblar si pensamos que sabemos mejor que Dios lo que es justo (Job 35:2). Dios no pervierte la justicia (Job 34:12). Dios, por el contrario, trae la justicia (Job 36:6, Miqueas 7:9). Dios nunca actuará injustamente ni de manera impía (Job 37:23).

Aquellos que aborrecen la justicia tuercen todo lo que es recto (Miqueas 3:9). La ausencia de justicia es dolorosa (Job 19:7) y desagradable a los ojos del Señor (Isaías 59:15). No debemos sorprendernos en este mundo caído al ver que se niega la justicia (Eclesiastés 5:8) y la maldad se coloca donde debería estar la justicia (Eclesiastés 3:16). Algunos testigos hacen un escarnio de la justicia (Proverbios 19:28). Los injustos, que no conocen el camino de la paz, tienen sendas torcidas sin justicia en sus huellas (Isaías 59:8). Hay períodos en los que la justicia nunca se sostiene y los impíos rodean a los justos (Habacuc 1:4), donde las propias preferencias de la gente se consideran "justicia" (Habacuc 1:7). La Biblia dice que cuando negamos la justicia, la convertimos en ajenjo (Amós 5:7) o veneno (Amós 6:12).

Incluso cuando Él parece estar en silencio, es un error suponer que Dios no ve nuestra aflicción (Isaías 40:27). Él traerá la justicia a la luz (Sofonías 3:5). Dios juzgará a todos al final, y consolará a Su pueblo (Apocalipsis 20:12, 21:1-4). Sion será redimida con justicia (Isaías 1:27). Jesús proclamará justicia a los gentiles (Mateo 12:18), hará justicia (Jeremías 23:5, 33:15), y establecerá Su gobierno con justicia y rectitud para siempre (Isaías 9:7, 28:17, 42:1-4).

En Jeremías 22:13, Dios reprende a los reyes que construyen sus casas sin justicia y sus aposentos altos sin rectitud, que utilizan los servicios de sus vecinos sin pagarles y que no dan al trabajador su salario. No se debe defraudar a los obreros de su salario (Malaquías 3:5). Los salarios deben pagarse puntualmente (Deuteronomio 24:15). El terrateniente que paga a los obreros el salario acordado es el modelo de la justicia de Dios (Mateo 20:1-16 [discutido más a fondo en el Capítulo 5]). El no pagar a los trabajadores su salario es una injusticia que clama al Señor (Santiago 5:4).

Los oprimidos son especialmente vulnerables a la denegación de justicia (Salmo 146:7), y la denegación de justicia se enumera negativamente junto al robo, la opresión, el hacer mal a los pobres y necesitados, y oprimir al forastero (Ezequiel 22:29). A veces se les niega justicia a los necesitados y a los pobres (Isaías 10:2). Saquear las posesiones de las viudas y los huérfanos es la privación de justicia. Quienes niegan la justicia al extranjero, huérfano o viuda deben ser malditos (Deuteronomio 27:19).

La justicia se menciona en la Biblia junto con el no cobrar intereses y mantener la mano apartada de la iniquidad (Ezequiel 18:8). Se menciona junto con la bondad (Oseas 12:6). Dios manda a Su pueblo que dispense verdadera justicia y que muestre bondad hacia los demás (Zacarías 7:9).

A veces hacer justicia requiere valentía (Miqueas 3:8). Un hombre que busca justicia y verdad puede ser raro, pero puede redimir una ciudad (Jeremías 5:1). Se necesita discernimiento para entender la justicia (1 Reyes 3:11). La justicia debe ser buscada y su comprensión no es automática; la edad no necesariamente trae sabiduría, ni comprensión de la justicia (Job 32:9). Los hombres malvados no la entienden, pero los que buscan al Señor sí (Proverbios 28:5). La sabiduría de Dios puede ayudar en la buena administración de la justicia (1 Reyes 3:28). El que hace justicia es comparado con una persona adornada con un manto y un turbante (Job 29:14). Podemos recordar la sabia administración de la justicia de Salomón con el discernimiento del Señor en el caso de la disputa entre dos madres por un bebé (1 Reyes 3:16-27). Bienaventurados los que guardan la justicia (Salmo 106:3). Hacer justicia causa que las cosas vayan bien (Jeremías 22:15). La justicia es deseable en los juicios, y anhelada por los afligidos (Salmo 72:2, 82:3, Isaías 59:11 y 14, Amós 5:24).

Habrá consecuencias para las personas que cometen injusticias. Los malvados que se niegan a actuar con justicia serán arrastrados por su propia violencia (Proverbios 21:7). El ejercicio de la justicia es un gozo para los justos, pero terror para los que hacen iniquidad (Proverbios 21:15).

La justicia es descrita como luz, y su ausencia como oscuridad (Isaías 59:9). La justicia finalmente proviene del Señor, y no de un gobernante (Proverbios 29:6). A Dios no se le enseñó justicia por nadie (Isaías 40:14). Dios es el guardián de la justicia (Isaías 49:4). La justicia de Dios es luz para los pueblos (Isaías 51:4). La justicia de Dios debe ser preservada porque Su salvación es inminente (Isaías 56:1). Dios traerá justicia para Sus escogidos que claman a Él día y noche (Lucas 18:7-8).

A los reyes se les dice que hagan justicia, y la sabiduría es el medio por el cual la decretan (Proverbios 8:20). Puede ser administrada por un buen líder (2 Samuel 8:15). Los gobernantes de Israel debían conocer la justicia (Miqueas 3:1). Los reyes pueden sentarse en el trono de la justicia (Proverbios 20:8). Dios mandó a la Casa de David administrarla mañana tras mañana (Jeremías 21:12), para que la ira de Dios no se desate como fuego y arda sin nadie que la apague. Debe ser establecida en la puerta (Amós 5:15), junto con el odio al mal y el amor al bien. A veces Dios bendice a las personas con reyes sabios y justos para hacer justicia y rectitud (1 Reyes 10:9, 1 Crónicas 18:14, 2 Crónicas 9:8). Dios le dice a la gente que persiga solo la justicia, no para su mal, sino para su bien. El resultado de hacer justicia es vida en la buena tierra que Dios les está dando: "La justicia, y solo la justicia buscarás, para que vivas y poseas la tierra que el Señor tu Dios te da" (Deuteronomio 16:20).

La justicia puede ser pervertida por personas que buscan ganancias deshonestas y aceptan sobornos (1 Samuel 8:3, Proverbios 17:23). La justicia es el medio por el cual un rey trae estabilidad a la tierra, pero quien acepta sobornos la derrumba (Proverbios 29:4). La justicia puede ser distorsionada, algo que Dios dice no debe hacerse: "No torcerás la justicia; no harás acepción de personas, ni tomarás soborno, porque el soborno ciega los ojos del sabio y pervierte las palabras del justo" (Deuteronomio 16:19).

La justicia se debe a todos, incluyendo al extranjero y al huérfano: "No pervertirás la justicia debida al extranjero ni al huérfano, ni tomarás en prenda la ropa de la viuda, sino que recordarás que fuiste esclavo en Egipto y que el Señor tu Dios te rescató de allí; por tanto, yo te mando que hagas esto"

(Deuteronomio 24:17-18). Observe aquí que Dios recuerda a los oyentes que ellos mismos fueron esclavos en Egipto, es decir, víctimas de la injusticia. Es bueno recordar que no debemos querer injusticia para los demás porque no la querríamos para nosotros mismos. En este versículo se encuentra una sombra del mandamiento posterior de Jesús: "Y así como quieran que los hombres les hagan a ustedes, hagan con ellos de la misma manera" (Lucas 6:31).

A veces, la justicia se menciona junto con la *equidad* (Salmo 99:4, Proverbios 1:3). La justicia, la equidad y la rectitud son *buenas* (Proverbios 2:9). Sin embargo, la equidad debe entenderse en los términos bíblicos. No significa redistribución de la riqueza por parte del gobierno, ni tampoco implica tratar a las personas con estándares diferentes (véase nuevamente Levítico 19:15).

Como se puede ver en la presentación anterior, cuán cerca del corazón de Dios está la justicia y cuán bien definida está en la Biblia. No es simplemente una palabra que se llena con lo que nos hace sentir bien. No es algo que se debe solo a algunas personas y no a otras. A diferencia de la misericordia —de la cual hablaremos a continuación—*todos* recibiremos justicia por nuestras acciones, tanto buenas como malas (Romanos 14:10). Y lo más importante, la justicia es responsabilidad de todos, incluidos los gobiernos, en todo momento.

La misericordia no es justicia

Ahora pasamos a la misericordia. Al igual que con la justicia, encontramos que la correspondencia lingüística entre el hebreo y el inglés no es exacta. En este caso, la palabra hebrea que más comúnmente está detrás de la palabra 'misericordia' en las traducciones al inglés de la Biblia es la hermosa palabra חֶסֶד—*ḥeṣed*—que también puede (dependiendo del contexto) ser traducida como "bondad" o "misericordia amorosa". La misericordia es bondad, y no es merecida. Más bien, es una expresión de amor que es una gracia que se desborda.

Casi siempre, *ḥeṣed* en la Biblia es algo mostrado o dado por Dios. Las excepciones son esos versículos, como Miqueas 6:8, que dice: "Él te ha declarado, oh hombre, lo que es bueno. ¿Y qué es lo que demanda el SEÑOR de ti, sino solo practicar la justicia, amar la misericordia, y andar humildemente con tu Dios?"—En otras palabras, parece claro que debemos amar *ḥeṣed* porque debemos tener un corazón similar hacia nuestros semejantes, tal como el corazón que Dios tiene por ellos.

Otra palabra que a menudo se traduce como misericordia es רַחַם—*raḥam*. Significa amar, compadecer o ser misericordioso. Su forma plural, *raḥamīm*, significa 'entrañas' o 'misericordias,' y se encuentra en Génesis 43, Deuteronomio 13, Nehemías 1 e Isaías 47. Una tercera palabra hebrea traducida como misericordia es חָנַן—*ḥanan*—que significa 'ser gracioso o inclinado a.' La palabra griega general traducida como "misericordia," ελεος—*eleos*—que significa bondad o beneficencia, aparece en el Nuevo Testamento y la Septuaginta.

La misericordia es *buena*, pero no es justicia; es el perdón de una deuda. Es bondad cuando no se está obligado ni se debe. Y, lo más importante, la misericordia generalmente es un deber de los individuos, no del gobierno ni de los organismos corporativos. A lo largo de la Biblia, la misericordia a menudo se menciona junto con la justicia, generalmente después de la justicia (es decir, 'justicia y misericordia,' en lugar de 'misericordia y justicia'). De hecho, en algunas situaciones, la misericordia solo tiene sentido en el contexto de, o en contraste con, la justicia. La misericordia no es lo opuesto a la justicia, ni siquiera la negación de la justicia, sino una paciencia suave en la aplicación de la justicia. Y, ḥeṣed también puede significar bondad inesperada, sorpresiva e incluso abrumadora que no tiene realmente nada que ver con la justicia. Por ejemplo, en Génesis 39:21, encontramos que el Señor extendió ḥeṣed a José mientras estaba (erróneamente) detenido en la cárcel.

Es crucial no pasar por alto lo especial y poderoso que es la palabra ḥeṣed, y sobre todo *lo personal* que es. En contraste con la justicia, la misericordia o bondad amorosa (ḥeṣed) no es un trabajo para el gobierno, particularmente cuando el gobierno no es la parte agraviada. Un rey podría mostrar misericordia a un compañero, a un enemigo o a un súbdito. Pero ¿cómo podría un burócrata, o una agencia, o un comité, o un panel encarnar algo como ḥeṣed?

La respuesta, creo yo, es que no puede. Y aquí vemos la distinción crucial entre justicia y misericordia: la justicia puede ser administrada por el gobierno, porque es una tarea administrativa que depende simplemente de descubrir los hechos de un caso y luego aplicar la ley con imparcialidad. Eso es algo tremendamente diferente a mostrar bondad amorosa o misericordia. La justicia es objetiva, mientras que la misericordia *siempre* es personal. Este hecho es una razón fundamental por la cual es completamente inapropiado y erróneo agrupar la justicia y la misericordia como si fueran palabras diferentes para una misma cosa.

¿Quién puede extender misericordia? Esta pregunta nos lleva al núcleo mismo del asunto. De hecho, la misericordia solo puede ser mostrada por quien ha sido agraviado, o por un representante que ha recibido la autoridad para actuar en nombre de quien fue agraviado.

Ejemplos de injusticia y falta de bondad

¿Sería injusto un crédito fiscal otorgado exclusivamente a personas por debajo de cierto nivel de ingresos o riqueza? ¿Qué hay de un estándar más alto para la admisión universitaria para una persona de una raza en comparación con otra? ¿O una decisión de un jefe de policía o un juez de eximir de enjuiciamiento a ciertas personas (como no ciudadanos o personas de ciertos antecedentes raciales o étnicos) por crímenes? ¿Sería injusto hacer que los descendientes de abolicionistas del siglo XIX (o, en ese caso, inmigrantes que ni siquiera estuvieron presentes durante nuestra gran lucha nacional sobre la esclavitud) paguen reparaciones a los descendientes de esclavos del siglo XIX debido a las acciones de los esclavistas estadounidenses de ese siglo? ¿Y qué hay de negar clases de pintura a un joven y talentoso Picasso para nivelar el campo de juego en el arte, dado que muchos otros no poseen ese talento? ¿Sería eso injusto?

Alguna forma de cada uno de estos ejemplos ha sido presentada por defensores de la 'justicia social' como si fuera justa. Mi creencia es que todos ellos son *injustos*. La justicia real no está limitada a una persona, un grupo o un ámbito, y en el momento en que se limita—utilizando palabras como 'social', 'económica', 'ambiental' o 'reproductiva'—se transforma en injusticia. Dios es el Juez. Los presento para su consideración y propongo que podemos evaluar correctamente tales asuntos prestando cuidadosa atención.

¿Cómo se relacionan la justicia y la misericordia?

La justicia y la misericordia son cosas buenas a los ojos de Dios, pero son *cosas diferentes*, y cualquiera que diga lo contrario es un falso maestro que debe ser reprendido y excluido de una posición de autoridad cristiana.[1] La bondad amorosa (*ḥeṣed*) es apropiada en todo momento (Proverbios 3:3), pero la *misericordia*, tal como la entendemos en español, no es apropiada en todas las situaciones. Sabemos que esto es cierto porque, si la misericordia *fuera* requerida en todas las circunstancias y se aplicara en todas las circunstancias, entonces *no habría justicia*. Imagina:

---

1. "Tengan cuidado de sí mismos y de toda la congregación, en medio de la cual el Espíritu Santo les ha hecho obispos para pastorear la iglesia de Dios, la cual Él compró con Su propia sangre. Sé que después de mi partida, vendrán lobos feroces entre ustedes que no perdonarán el rebaño. También de entre ustedes mismos se levantarán algunos hablando cosas perversas para arrastrar a los discípulos tras ellos. Por tanto, estén alerta, recordando que por tres años, de noche y de día, no cesé de amonestar a cada uno con lágrimas" (Hechos 20:28-31).

"Excelente trabajo, equipo. Después de años de investigación, millones de dólares de los contribuyentes y un trabajo policial experto en asociación con el FBI, finalmente capturamos y procesamos al notorio asesino y violador en serie de Blue Mountain. Las familias de sus 47 víctimas nunca volverán a ver a sus seres queridos, pero al menos pueden descansar sabiendo que el asesino está enfrentando justicia, pasará el resto de su vida en prisión y nunca hará daño a otra víctima inocente..."

"¡*Disculpe!*"

"¿Quién es usted?"

"*Ricardo Lagrimón, Departamento Federal de Misericordia (DFM), anteriormente Departamento de Justicia Social. Ahora que el acusado ha sido declarado culpable y sentenciado, el siguiente paso, según las directrices emitidas el mes pasado y la decisión del panel de tres miembros del DFM (quienes juzgan al asesino como 'oprimido'), es liberarlo. Ustedes no tienen derecho a retenerlo; como claramente establece nuestra doctrina, 'La justicia es igual a la misericordia; la misericordia es un derecho humano para los oprimidos'. Nosotros nos encargaremos de esto, amigos...*"

"¡Un momento! Estas familias tienen derecho a justicia."

"*Señora, como dice la Biblia, 'La misericordia triunfa sobre el juicio' (Santiago 2:13) y 'No juzguen para que no sean juzgados' (Mateo 7:1). ¡Que tenga un buen día!*"

Ricardo Lagrimón está cometiendo un error teológico. Hay un lugar para la misericordia, pero la aplicación de las Escrituras por parte de Ricardo es incorrecta. La misericordia no es lo mismo que la justicia. Al contrario, es la naturaleza inmerecida de la misericordia lo que la hace tan especial y buena. La justicia *se le debe* a las personas. Todos tienen derecho a ella. Cuando no se hace justicia, las personas sufren. La misericordia (es decir, la bondad amorosa)—aunque tú y yo tenemos un deber individual de *amarla* (Miqueas 6:8)—por su propia definición no se le debe a *nadie*.

Debemos evitar la falsa justicia y la falsa misericordia

Muchos de nuestros amigos de inclinación izquierdista erróneamente buscan que todo sea manejado por el gobierno. Dicen que quieren justicia, pero luego tratan la justicia como si solo se le debiera a algunas personas—lo cual es contrario a lo que dice la Biblia—y dicen que quieren misericordia, pero no logran entender que el gobierno generalmente *no puede* otorgar misericordia sin cometer injusticia.

La llamada 'justicia social' incluye muchas causas, algunas dignas pero muchas no. Un error común de los defensores de la 'justicia social' es convertir una verdadera injusticia cuyos víctimas ya están muertas en el pretexto para un engaño en el cual se hace que personas que no participaron en el agravio paguen una restitución a personas distintas de las víctimas reales.

Ahora debe quedar claro que la justicia y la misericordia, aunque ambas son importantes, son cosas muy diferentes. Así que, al igual que Sara leyendo la señal de alto como si realmente significara "siga adelante," sería un error grave tratar la justicia y la misericordia como si fueran lo mismo.

Aquellos que distorsionan la Biblia para servir a una agenda socialista pretenden que la justicia y la misericordia son términos intercambiables. Pero creo que las Escrituras son claras al señalar que, aunque las palabras deben ir juntas, es fundamental mantener sus significados distintos—y no hacerlo puede llevarnos a cometer *injusticias* y a ser *inmisericordes*.

Resumen del capítulo

La justicia, o el trato igualitario y el trato honesto bajo la ley, se le debe a todo el mundo. A Dios le gusta la justicia y la manda. Dios también ama la misericordia y nos dice que la amemos también. En contraste con la justicia, la misericordia es una bondad inmerecida, una expresión voluntaria de amor mostrada por alguien a otro que lo ha agraviado, o una extensión personal y auto-sacrificial de ayuda. La misericordia, por definición, nunca se debe. Si alguien te agravia, la decisión de mostrar o retener la misericordia es completamente tuya. La bondad forzada no es bondad; el amor obligado no es amor. Por eso escuchamos que la misericordia se busca, incluso *se ruega* por ella, pero nunca se exige—salvo por alguien que malentiende la palabra.

Para eludir la naturaleza voluntaria de la misericordia, que no sirve a los objetivos socialistas, aquellos que desean afirmar que recibir misericordia es un derecho en lugar de un regalo personal a menudo confunden misericordia y justicia, insistiendo en que la misericordia *se debe* y es un trabajo para el gobierno. Al hacerlo, inevitablemente cometen *injusticia*.

3

LA JUSTICIA NO PREFIERE NI AL POBRE NI AL RICO

No harás injusticia en el juicio; no favorecerás al pobre ni complacerás al rico, sino que con justicia juzgarás a tu prójimo. (Levítico 19:15)

¿Sabías que es un *pecado* extender una "opción preferencial por los pobres" en el juicio, y que la persona que lo hace es tan culpable de injusticia como quien muestra parcialidad hacia una persona rica? Éxodo 23:3 también lo dice. Así es, según la Biblia, la justicia exige que no haya favoritismo en el juicio. Todos, ya sean ricos o pobres, deben recibir el mismo trato ante la ley.

Pero, tal vez te estés preguntando, ¿qué debemos hacer con el cuidado que Jesús mostró por los pobres, el hecho de que buscó su compañía y les dio énfasis en Su enseñanza? Es cierto que Dios se preocupa por los pobres, y abordaremos este hecho directamente en el próximo capítulo, pero antes de hacerlo, necesitamos centrar nuestra atención en una característica crítica de la justicia: no muestra parcialidad hacia nadie. En otras palabras, los pobres no reciben el beneficio de la duda ni un 'pase libre' en los tribunales de justicia.

Las personas pobres tienen derecho a la equidad e imparcialidad en el juicio—un estándar justo. No deben ser desestimadas ni ignoradas ni tratadas como si merecieran menos justicia debido a sus medios humildes o la falta de poder e influencia. Ese es el mandamiento de Dios. Las personas pobres tienen *derecho* a la justicia, pero este derecho las hace *iguales* en estatus a todos los demás, *no superiores*.

> Oigan los pleitos entre sus hermanos, y juzguen justamente entre un hombre y su hermano, o el extranjero que está con él. No mostrarán parcialidad en el juicio; lo mismo oirán al pequeño que al grande. (Deuteronomio 1:16-17)

Entendiendo la riqueza y la pobreza

La riqueza material es el residuo tangible del trabajo, ya sea el nuestro o el de la persona de quien la recibimos por regalo, intercambio o herencia. La riqueza es el potencial para adquirir bienes o servicios útiles.[1] Dado que nuestra vida y fortaleza son un regalo de Dios, también cualquier riqueza

---

1.   Como observó el economista Adam Smith: "Cada hombre es rico o pobre según el grado en que pueda permitirse disfrutar de las necesidades, comodidades y diversiones de la vida humana." [Traducido de la edición en inglés.] Adam Smith, *An Inquiry into the Nature and Causes of the Wealth of Nations*, Norwalk: Easton Press (1991), 27-8.

que tengamos es un regalo de Él, uno que nos es confiado por un tiempo.

Los niveles de riqueza cambian a lo largo de la vida de cualquier persona, y los bienes son efímeros. La riqueza crece o disminuye en parte debido a nuestro arduo trabajo combinado con la diligente y sabia cultivación y cuidado de lo que tenemos a lo largo del tiempo, y también en parte debido a circunstancias fuera de nuestro control. Es posible ser muy pobre, luego rico y después pobre nuevamente. A veces, las personas se mueven dentro y fuera de categorías socioeconómicas múltiples veces. Tal movilidad a lo largo de la vida es invisible en la mayoría de los gráficos de barras que muestran la distribución de la riqueza o los ingresos.

Aunque a menudo actuamos de otra manera, los bienes no son el factor definitorio ni la sustancia en la vida o felicidad de una persona. Como dijo Jesús, "Estén atentos y cuídense de toda forma de avaricia; porque aun cuando alguien tenga abundancia, su vida no consiste en sus bienes" (Lucas 12:15).

Además, hay una profundidad especial de carácter y bendición que puede surgir de ser pobre. Esta observación no es una excusa para mantener a las personas en la pobreza, sino simplemente un reconocimiento de que las dificultades pueden ayudarnos a crecer como seres humanos de maneras que quizás nunca lograríamos si siempre tuviéramos todo fácil. Esta verdad fue mencionada por Santiago: "Tengan por sumo gozo, hermanos míos, cuando se hallen en diversas pruebas, sabiendo que la prueba de su fe produce paciencia, y que la paciencia tenga su perfecto resultado, para que sean perfectos y completos, sin que nada les falte" (Santiago 1:2-4). Santiago nos recuerda que las dificultades son un regalo de Dios. Los atletas demuestran el mismo principio en su entrenamiento: la resistencia desarrolla la fuerza.

Aunque no está completamente claro que Él estaba hablando específicamente sobre la pobreza en términos de posesiones, creo que nuestro perfeccionamiento a través de las dificultades bajo la dirección de Dios y por Su gracia es parte de lo que Jesús quiso decir cuando enseñó: "Bienaventurados los pobres en espíritu, pues de ellos es el reino de los cielos. Bienaventurados los que lloran, pues ellos serán consolados" (Mateo 5:3-4). Si presumimos que una vida de comodidad es el camino hacia la plenitud, nos perderemos de algunas de las grandes alegrías de la vida. Muchas personas que tienen riqueza sin una perspectiva espiritual correcta aprenden esta lección de la manera difícil, a medida que su vacío crece en medio de lo que el mundo exterior ve como una situación perfecta.

El poder de la verdad

El socialismo no es simplemente una construcción política. Es, en última instancia, un ataque espiritual, una mentira que puede robarle la vida a un hombre en la tierra y mantenerlo alejado de la vida eterna con Dios en el cielo. La mentira es esta: Tu vida consiste en tus posesiones materiales, y no puedes ser feliz, no puedes ser completo, no puedes estar satisfecho en la vida, hasta que tengas 'justicia social.' Hasta entonces, debes permanecer enojado, resentido y lleno de odio hacia aquellos que tienen más.

La tragedia de la amargura y la envidia es que no solo—ni siquiera principalmente—perjudican a la persona que es odiada y envidiada. Más que nada, roban la alegría de la persona que odia.

Hay un tiempo para odiar (Eclesiastés 3:8). Pero las únicas instrucciones bíblicas que tenemos acerca del objeto apropiado del odio son no humanas: "El amor sea sin hipocresía; aborreciendo lo malo, aplicándose a lo bueno. Sean afectuosos unos con otros con amor fraternal" (Romanos 12:9-10), "Los que aman al Señor, aborrezcan el mal" (Salmo 97:10), "De Tus preceptos recibo entendimiento, por tanto aborrezco todo camino de mentira" (Salmo 119:104; similar a los versículos 128 y 163), "El justo aborrece la falsedad" (Proverbios 13:5), and "Aborreced el mal, amen el bien, y establezcan la justicia en la puerta" (Amos 5:15). Un ejemplo de un odio loable en acción se encuentra en Éxodo 18:21, donde Jetró aconseja a Moisés seleccionar líderes que aborrezcan el lucro deshonesto.

La Biblia, en muchos pasajes, informa sobre personas que odian a otras, pero, aunque David registra algunas exclamaciones autobiográficas en un par de ocasiones, ("¿No odio a los que te aborrecen, Señor? ¿Y no me repugnan los que se levantan contra Ti? Los aborrezco con el más profundo odio; se han convertido en mis enemigos." [Salmo 139:21-22]), Aunque la Biblia dice que Dios odia a un par de tipos de personas ("un testigo falso que dice mentiras" y "el que siembra discordia entre hermanos" [Proverbios 6:19]), en ningún lugar la Biblia nos dice que odiemos a alguien en el sentido común de la palabra. Más bien, dice que, aunque podamos reprender a un vecino, no debemos odiarlo en nuestro corazón (Levítico 19:17), y, de hecho, debemos amar a nuestros enemigos y hacer bien a aquellos que nos odian (Lucas 6:27). Aquel que odia a su hermano se dice que está en la oscuridad, caminando en la oscuridad, y no sabe adónde va porque la oscuridad ha cegado sus ojos (1 Juan 2:9 y 11), "Todo el que aborrece a su hermano es un asesino" (1 Juan 3:15), y "Si alguien dice: 'Yo amo a Dios', y aborrece a su hermano, es un mentiroso" (1 Juan 4:20).

Jesús requiere que sus seguidores "odien" a su propio padre, madre, esposa, hijos, hermanos y hermanas (Lucas 14:26), pero, como sabemos por otros pasajes, Su mandato es amar a los demás (por ejemplo, el segundo mandamiento más grande es "amarás a tu prójimo como a ti mismo", y el quinto mandamiento dice "Honra a tu padre y a tu madre"), creo que es correcto entenderlo como que el amor de Sus seguidores por Él y la disposición para seguirlo dondequiera que Él los lleve debe ser tan grande que su amor por estos otros parecería como odio en comparación.

Un efecto terrible del socialismo es que invita a las personas a posponer la alegría que pueden tener en este momento, y sin importar las circunstancias, hasta una fecha futura que quizás nunca llegue. También invita a las personas a odiar a su prójimo, al 'opresor', al que tiene marginalmente más propiedad (incluso si ha sido adquirida honestamente y sostenida con justicia), o al que se percibe que tiene alguna otra ventaja en la vida. Y ya hemos visto que el odio perjudica más al que odia.

Hay un mejor camino. Tus pecados pueden ser perdonados. No importa lo que hayas hecho, pensado o dicho, puedes ser lavado y justificado ante Dios—no por tu bondad ("por las obras de la ley ningún ser humano será justificado delante de Él" [Romanos 3:20]), sino por lo que Jesús hizo por ti.

Jesús dijo, "Porque de tal manera amó Dios al mundo, que dio a Su Hijo unigénito, para que todo aquel que cree en Él, no se pierda, sino que tenga vida eterna" (Juan 3:16). Y, en Juan 10:10, dijo, "El ladrón solo viene para robar y matar y destruir. Yo he venido para que tengan vida, y para que la tengan en abundancia". Jesús vino para darnos tanto vida eterna como vida abundante. Creo que, entre otras cosas, esta vida abundante prometida incluye los elementos mencionados en Gálatas 5:22-23: amor, gozo, paz, paciencia, amabilidad, bondad, fidelidad, mansedumbre y templanza.

Romanos 3:23 informa sobre nuestro problema universal: "por cuanto todos pecaron y no alcanzan la gloria de Dios", y Romanos 6:23 declara que "la paga del pecado es muerte". El salario es lo que se gana. Si has pecado, según la Biblia, has ganado la muerte. "Pero," dice Romanos 5:8-9, "Dios demuestra su amor para con nosotros, en que siendo aún pecadores, Cristo murió por nosotros. Entonces mucho más, habiendo sido ahora justificados por Su sangre, seremos salvos de la ira de Dios por medio de Él." Y 1 Corintios 15:3-4 nos dice, "que Cristo murió por nuestros pecados, conforme a las Escrituras; que fue sepultado y que resucitó al tercer día, conforme a las Escrituras." Y Jesús lo dijo claramente, "Yo soy el camino, la verdad y la vida; nadie viene al Padre sino por Mí" (Juan 14:6). ¿Cómo se recibe este regalo? "Pero a todos los que lo recibieron, les dio el derecho de llegar a ser hijos de Dios, es decir, a los que creen en Su nombre" (Juan 1:12), y "si el Hijo los hace libres, ustedes serán realmente libres" (Juan 8:36).

¿Has confiado en Jesús? Si deseas lo que se promete arriba, puedes seguirlo ahora y recibir gozo que no depende de tus circunstancias materiales. Ora algo como esto: "Jesús, te necesito. Gracias por amarme y por morir en la cruz por mis pecados. Soy un pecador, reconozco mi pecado y lo lamento. Me aparto de mi pecado para seguirte. Confío solo en Ti para cubrir mi pecado y hacerme un hijo de Dios."

Resumen del capítulo

La justicia, por definición, es un estándar imparcial. Dar preferencia en asuntos de la ley a una persona sobre otra, ya sea en nombre de la pobreza, de las desventajas en la vida, o de la diversidad, equidad e inclusión, es un pecado según la Biblia. Como dice Levítico 19:15, "No harás injusticia en el juicio; no favorecerás al pobre ni complacerás al rico, sino que con justicia juzgarás a tu prójimo." Ninguna persona que ame la justicia debe tener algo que ver con tal trato preferencial hacia alguien.

DIOS CUIDA A LOS POBRES, Y ASÍ DEBEMOS HACER

¿No se venden dos pajarillos por una monedita? Y sin embargo, ni uno de ellos caerá a tierra sin permitirlo el Padre. Y hasta los cabellos de la cabeza de ustedes están todos contados. Así que no teman; ustedes valen más que muchos pajarillos. (Mateo 10:29-31)

L a misma idea de que Dios—quien creó y gobierna un billón de billones de estrellas y planetas, los confines del universo, cada animal y planta, cada océano y montaña—tenga una preocupación personal por cualquiera de nosotros debería ser asombrosa. ¡Somos como hormigas! Y no tenemos idea de los mundos y maravillas que Él creó y que existen a mil millones de años luz de distancia de nuestro propio mundo.

Y, sin embargo, nos dice Jesús que Dios, en Su cuidado por nosotros, cuenta incluso los cabellos de nuestra cabeza

(Mateo 10:30; Lucas 12:7). ¿Por qué? ¿Y qué puede significar esto?

Dios ve y cuida a los pobres

El cuidado de Dios es para todos, incluyendo a los aparentemente pequeños e insignificantes. En el Salmo 23, David reflexiona sobre el hecho de que Dios cuida de su camino:

> El Señor es mi pastor, nada me faltará. En lugares de verdes pastos me hace descansar; junto a aguas de reposo me conduce. Él restaura mi alma; me guía por senderos de justicia por amor de Su nombre.
>
> Aunque pase por el valle de sombra de muerte, no temeré mal alguno, porque Tú estás conmigo; Tu vara y Tu cayado me infunden aliento. Tú preparas mesa delante de mí en presencia de mis enemigos; Has ungido mi cabeza con aceite; mi copa está rebosando. Ciertamente el bien y la misericordia me seguirán todos los días de mi vida, y en la casa del Señor moraré por largos días.

El hebreo para "mi pastor," רעי—*ro í*—literalmente significa "mi vigilante." Es personal, así como ser pastor es algo personal. Considera que El *Señor*, Creador del universo, es *mi* pastor.

David era el más joven y pequeño de su familia, sin embargo, Dios lo levantó. ¿Fue él (quien, después de todo, fue escogido por Dios) un caso especial? Sí, en términos de haber sido escogido, pero no en cuanto al conocimiento y cuidado de Dios. La Biblia nos recuerda muchas veces de Su gran amor: el Señor oye a los necesitados y no desprecia a los suyos que están en prisión (Salmo 69:33).[1] Él mantendrá la causa del afligido y la justicia para los pobres (Salmo 140:12), tendrá compasión de los pobres y necesitados y salvará sus vidas (Salmo 72:13). Él está a la diestra del necesitado, para salvarlo (Salmo 109:31), ha librado el alma del necesitado de la mano de los malhechores (Jeremías 20:13), de aquel que es demasiado fuerte para él (Salmo 35:10), y le da justicia (Job 36:6, 15). El Señor pone al necesitado en alto, lejos de la aflicción (Salmo 107:41), salva al pobre de la mano del poderoso, para que el desamparado tenga esperanza y la injusticia se cierre la boca (Job 5:15-16), los levanta del polvo y alza al necesitado del basurero, para hacerlos sentar con los nobles (1 Samuel 2:8, Salmo 113:7), y es su refugio (Salmo 14:6). La Biblia nos asegura que el necesitado no será olvidado para siempre (Salmo 9:18); Dios responderá (Isaías 41:17), y los librará cuando clamen por ayuda (Salmo 72:12). Isaías dijo que Dios ha sido "baluarte para el desvalido, baluarte para el necesitado en su angustia" (Isaías 25:4).

Todos darán cuenta a Dios por lo que han hecho (2 Corintios 5:10). Y aunque anhelamos justicia en esta vida, también

---

1. Las palabras bíblicas relacionadas con la pobreza y la necesidad incluyen אביון—*ebyon*—"escaso, pobre, escaso, impotente", דל—*dal*—"escaso, pobre, escaso, impotente", ענה—'*aneh*—"humilde, pobre, humillado, oprimido", עני—'*ani*—"desdichado, oprimido", מוך—*mukh*—"estar o volverse bajo o empobrecido", רוש—*rush*—"ser pobre social o económicamente", ירש—*yarash*—"volverse empobrecido", πτωχος—*ptōchos*—"tembloroso, pobre," πτωχευω *ptōcheuō* "ser o volverse pobre," and πενιχρος *penichros* "muy pobre."

podemos estar seguros de que Él pondrá *todo* en su lugar al final: "Sino que juzgará al pobre con justicia, y fallará con equidad por los afligidos de la tierra. Herirá la tierra con la vara de Su boca, y con el soplo de Sus labios matará al impío" (Isaías 11:4; cf. Apocalipsis 7:17, 21:4).

Debemos ver a las personas con los ojos de Dios

En los años posteriores a la resurrección de Jesús, Santiago dio instrucciones a los creyentes en Jerusalén, para contrarrestar la inclinación humana de favorecer a aquellos que uno podría percibir como más propensos a beneficiarlo personalmente:

> Hermanos míos, no tengan su fe en nuestro glorioso Señor Jesucristo con una actitud de favoritismo. Porque si en su congregación entra un hombre con anillo de oro y vestido de ropa lujosa, y también entra un pobre con ropa sucia, y dan atención especial al que lleva la ropa lujosa, y dicen: "Siéntese aquí, en un buen lugar"; y al pobre dicen: "Tú estate allí de pie, o siéntate junto a mi estrado"; ¿acaso no han hecho distinciones entre ustedes mismos, y han venido a ser jueces con malos pensamientos?
>
> Hermanos míos amados, escuchen: ¿No escogió Dios a los pobres de este mundo para ser ricos en fe y herederos del reino que Él prometió a los que lo aman? Pero ustedes han despreciado al pobre. ¿No son los ricos los que los oprimen y personalmente los arrastran a los tribunales? ¿No blasfeman ellos el buen nombre por el cual ustedes han

sido llamados? Si en verdad ustedes cumplen la ley real conforme a la Escritura: "Amarás a tu prójimo como a ti mismo", bien hacen. Pero si muestran favoritismo, cometen pecado y son hallados culpables por la ley como transgresores. (Santiago 2:1-9)

Y la iglesia de Jerusalén en el primer siglo mostró preocupación por los pobres, una preocupación compartida por Pablo: "Solo nos pidieron que nos acordáramos de los pobres, lo mismo que yo estaba también deseoso de hacer" (Gálatas 2:10).

Aunque estas instrucciones fueron dadas a los creyentes, la ley moral de Dios es universal. En consecuencia, Su represión se dirige contra Israel y contra las naciones en varios momentos. Dios dijo que encontró la sangre inocente de los pobres en las vestiduras de Israel, aunque no estaban cometiendo allanamiento (Jeremías 2:34). Natán reprendió al rey David por oprimir al pobre Urías y robarle su única esposa (2 Samuel 12:1-9). Dios culpó a aquellos que roban la justicia de los necesitados y los derechos de los pobres (Isaías 10:2), a la ciudad de Sodoma por, entre otras cosas, no ayudar a los pobres y necesitados (Ezequiel 16:49), e Israel en tiempos de Ezequiel por, entre otras cosas, hacer mal a los pobres y necesitados (Ezequiel 22:29). Los reprendió por angustiar a los justos, aceptar sobornos y apartar a los pobres en la puerta (Amós 5:12).

En el siguiente pasaje, el profeta Amós informa la promesa de Dios de que *la tierra temblará* debido al maltrato de Israel hacia los pobres de su tiempo. La "desigualdad de ingresos", por supuesto, no se presenta como un problema moral aquí ni en ningún otro lugar de la Biblia; el problema en este caso fue *el engaño* con balanzas deshonestas:

> "¿Cuándo pasará la luna nueva para vender el grano, y el día de reposo para abrir el mercado de trigo, achicar el efa (una medida de 22 litros), aumentar el siclo (moneda hebrea, 11.4 gramos de plata) y engañar con balanzas falsas; para comprar por dinero a los desvalidos y a los pobres por un par de sandalias, y vender los desechos del trigo?". El Señor ha jurado por el orgullo de Jacob:"Ciertamente, nunca me olvidaré de ninguna de sus obras. ¿No temblará por esto la tierra, y hará duelo todo aquel que habita en ella? Subirá toda ella como el Nilo, se agitará y disminuirá como el Nilo de Egipto." (Amós 8:4-8; ver también 2:6)

La pobreza no solo conlleva incertidumbre, sino que también impacta las relaciones humanas. La Biblia dice que el hombre pobre es odiado incluso por su vecino, mientras que el rico es amado por muchos (Proverbios 14:20), y que el hombre pobre es odiado por sus hermanos y abandonado por sus amigos (Proverbios 19:7). En Eclesiastés 5:8, Salomón escribió que los pobres y débiles a menudo tienen poca capacidad para resistir la injusticia, así como la estructura de poder que puede llevar a personas que, de otro modo, harían lo correcto a dejar que esta continúe: "Si ves la opresión del pobre y la negación del derecho y de la justicia en la provincia, no te sorprendas del hecho, porque un oficial vigila sobre otro oficial, y hay oficiales superiores sobre ellos." El escritor de Eclesiastés también describió la angustia de aquellos a quienes se les niega la justicia:

> Entonces yo me volví y observé todas las opresiones que se cometen bajo el sol: Y vi las lágrimas de los oprimidos, y no tenían quien los consolara; en mano de sus opresores estaba el poder, y no tenían quien *los* consolara. (Eclesiastés 4:1)

¿Por qué Dios permite el gran sufrimiento en primer lugar? En el libro más antiguo de la Biblia, Job pregunta por qué Dios no detiene a los malhechores, entre ellos aquellos que "apartan del camino a los necesitados", mientras que "hacen que se escondan completamente los pobres de la tierra" (Job 24:4). Se dice que el hombre malvado, según uno de los amigos de Job, ha oprimido y abandonado a los pobres (Job 20:19). Estas no son preguntas nuevas. Parte de la respuesta es que Dios obra incluso en la gran tragedia para un buen fin, de maneras que tal vez no podamos ver (Romanos 8:28). Pero el juicio vendrá para aquellos que oprimen a los pobres y aplastan a los necesitados (por ejemplo, Amós 4:1-3).

Quien Ayuda A Los Pobres Hace El Bien

Jeremías 22:16 afirma que ayudar a la causa de los pobres es parte de lo que significa conocer a Dios. En medio de su sufrimiento, Job protestó que *no* había dejado de mostrar bondad a los pobres:

Si he desechado el derecho del pobre, o he hecho que se desespere el corazón de la viuda, o he comido mi bocado solo, sin que de él comiera el huérfano, (porque desde que nací, él me ha enseñado, y de la madre de mi madre he recibido sus consejos), si he visto que el pobre carecía de ropa y el necesitado no tenía qué cubrirse, si no me bendijeron con sus lomos y de sus costados no se calentaron, si he alzado la mano contra el huérfano, cuando vi que me ayudaba en la puerta, que mi brazo se caiga de mi hombro, y mi brazo se rompa en su raíz. (Job 31:16-22, cf. 29:12, 16)

¿Cómo debemos actuar hacia las personas pobres? Proverbios nos dice que no debemos robarlas ni oprimirlas (22:22) y afirma que quien es bondadoso con ellas es feliz (14:21), que si cerramos el oído a su clamor, también lloraremos y no seremos escuchados (21:13), y que quien las oprime para ganar más para sí mismo solo terminará en la pobreza (22:16). Por el contrario, el Salmo 41:1 promete que quien considera al desvalido será bendecido, y el Señor lo librará en el día de la angustia.

Proverbios dice que quien es bondadoso con los pobres es feliz (14:21); que quien los oprime (14:31) o se burla de ellos (17:5) desafía a su Creador, mientras que quien es bondadoso con ellos honra a Dios; que al ser bondadoso con un pobre le prestamos a Dios, quien nos recompensará (19:17); que aquellos que incluyen entre sus actos de generosidad alimentar a los pobres serán bendecidos (22:9, cf. Salmo 112:1,9); y que quien les da nunca pasará necesidad (28:27). El justo se preocupa por los derechos de los pobres (29:7), y el trono de un rey que los juzga con justicia será establecido para siempre (29:14). Y el Salmo 82:3-4 nos dice que defendamos al débil y al huérfano, hagamos justicia al afligido y al necesitado, rescatemos al débil y al pobre, y libéremoslos de la mano de los impíos.

Ya hemos visto la preocupación de Dios por los pobres registrada en el tiempo de Job. Pero las instrucciones de Dios al pueblo de Israel a través de Moisés son específicas. Por ejemplo,

> Si hay entre vosotros algún pobre, uno de vuestros hermanos, en alguna de las ciudades de la tierra que el Señor tu Dios te da, no endurezcas tu corazón ni cierres tu mano a tu hermano pobre; sino abre a él tu mano generosamente, y préstale lo que le haga falta. (Deuteronomio 15:7-8)

Nótese en este pasaje que, aunque Dios ordenó generosidad y una mano abierta, *no* mandó nivelar la riqueza. La preocupación aquí es que el hermano tenga lo suficiente para satisfacer su *necesidad*. Además, se ordenó ayudar al hermano pobre *prestando*, aunque debía ser sin interés si la persona era un israelita (Éxodo 22:25, Levítico 25:35-36, Deuteronomio 23:19-20); no era inapropiado esperar ser reembolsado en su debido tiempo. Además, aprendemos que *no* ayudar en tal circunstancia sería un pecado (Deuteronomio 15:9).

La Ley Moral Se Aplica A Todos

La frecuente mención de la justicia para los pobres en la Biblia ha llevado a algunos a suponer que esto significa que los pobres son las únicas personas a las que se les debe justicia, por un lado, y que los pobres no pueden hacer nada malo, por el otro. Ninguna de estas suposiciones es cierta. Es cierto que las personas pobres son vulnerables, pero la ley moral se aplica a *todos*, y eso incluye a los pobres. Por ejemplo, Proverbios 28:3 nos recuerda que las personas pobres también pueden ser opresoras (véase también Mateo 18:28-30), y Proverbios 30:8-9 deja claro que el mandamiento de no robar se aplica a una persona pobre tanto como a cualquier otra.

Pobres y ricos son iguales ante Dios

La riqueza material impresiona a muchas personas. Sin embargo, Dios ve el corazón (1 Samuel 16:7). En Proverbios, leemos que un hombre pobre que camina en su integridad es mejor que un necio (19:1), que lo deseable en un hombre es su bondad, y que la pobreza es preferible a la deshonestidad (19:22, cf. 28:6). Encontramos una observación similar en Eclesiastés 4:13: "Mejor es un joven pobre y sabio, que un rey viejo y necio, que ya no sabe recibir consejos." El tiempo y el azar alcanzan a todos (Eclesiastés 9:11). Dios no considera al rico por encima del pobre; todos son obra de Sus manos (Job 34:19). El pobre tiene el mismo Creador que el rico (Proverbios 22:22).

Dios no tiene necesidad. Más bien, Él sabe que la generosidad voluntaria es *buena para nosotros*, tanto para el receptor como para el que da. La generosidad es una forma de cultivar nuestra confianza en Dios, nuestro amor por Él y un amor saludable por nuestro prójimo. Y todos deberían practicar el dar. La pobre viuda puso dos pequeñas monedas de cobre en el tesoro después de que los ricos trajeran sus ofrendas más ostentosas, y Jesús (al ver esto) dijo: "En verdad les digo, que esta viuda tan pobre echó más que todos ellos; porque todos ellos echaron en la ofrenda de lo que les sobra, pero ella, de su pobreza, echó todo lo que tenía para vivir" (Lucas 21:3-4, cf. Marcos 12:43-44). Jesús vio la verdad y se complació con la fe de esa viuda.

Nuestra obligación individual hacia los pobres

¿Cómo se ve, en la práctica, el cuidado de los pobres que agrada a Dios? ¿Significa eso el nivelamiento forzoso de la riqueza? ¿Castigar o odiar a los ricos? ¿Programas gubernamentales? ¿Poner obstáculos y regulaciones onerosas en el camino de los más acomodados? Los detalles son importantes. Uno de los pasajes más famosos (y más malinterpretados, en mi observación) en la Biblia es Miqueas 6:8: "Él te ha declarado, oh hombre, lo que es bueno. ¿Y qué es lo que demanda el Señor de ti, sino solo practicar la justicia, amar la misericordia, y andar humildemente con tu Dios?"

Lo primero que debemos recordar sobre este versículo, como vimos en el Capítulo 2, es que la justicia y la bondad (también traducida a veces como "misericordia") son dos cosas diferentes. Lo segundo es que la justicia es un derecho que se debe a todos y debe ser *ejercida*. Lo tercero es que Dios ve la bondad (la misericordia) como algo bueno, y requiere que la amemos. Lo cuarto es que Él espera que caminemos humildemente con Él.

Cuando Dios le dio a Daniel el significado del sueño del rey Nabucodonosor, fue un juicio contra el rey. Pero Daniel también le ofreció al rey una sugerencia: "ponga fin a sus pecados haciendo justicia, y a sus iniquidades mostrando misericordia a los pobres" (Daniel 4:27). Aunque Nabucodonosor no era hebreo, todas las personas son moralmente responsables ante su Creador. Observa que Daniel le pidió al rey que se apartara de sus pecados y mostrara misericordia hacia los pobres. Este consejo es muy similar a los mandatos de Miqueas 6:8, y la orientación es una declaración general de lo que es correcto; se aplica tanto a ti como a mí.

Muchos mandamientos ceremoniales están detallados en Éxodo, Números y Deuteronomio. Más tarde, el ayuno se asoció con el lamento, el arrepentimiento o la búsqueda de la ayuda o guía de Dios. Aunque es correcto hacer lo que Dios dijo, la obediencia no debe hacernos autojustos; la ley nos muestra nuestra necesidad (Gálatas 3:24). Y no debemos olvidar ayudar a los demás mientras estamos tan ocupados tratando de agradar a Dios. Isaías reprendió a Israel, diciendo que el ayuno que Dios elige es "desatar las ligaduras de impiedad, soltar las coyundas del yugo, dejar ir libres a los oprimidos, y romper todo yugo?," y "que compartas tu pan con el hambriento, y recibas en casa a los pobres sin hogar; para que cuando veas al desnudo lo cubras" (Isaías 58:6-7).

¿Quieres hacer lo que es justo? Entre tus actividades debe estar mostrar preocupación por tu vecino necesitado a quien Dios ama (Juan 21:15-17, 1 Juan 3:17).

La generosidad que refleja la bondad amorosa de Dios hacia nosotros es una clave para cómo debemos actuar con aquellos que están en necesidad peligrosa a nuestro alrededor.

Bienaventurados los pobres en espíritu

¿Qué pasa si *eres* pobre? Hay un viejo himno: "Cuando sobre las olas de la vida te encuentras abatido / Cuando te sientes desanimado, pensando que todo se ha perdido / Cuenta tus muchas bendiciones, nómbralas una por una / Y te sorprenderá lo que el Señor ha hecho."[2] ¿Puede la pobreza y el sufrimiento ser un regalo? Como vimos anteriormente, Santiago dijo que debemos alegrarnos al enfrentar pruebas, porque sabemos que Dios las usa para desarrollar perseverancia, para hacernos maduros y completos (Santiago 1:2-4). No importa lo difíciles que sean nuestras vidas, siempre podemos estar agradecidos.

Aunque la enseñanza de Jesús sobre las bienaventuranzas en el Sermón del Monte (Mateo 5:1-12, Lucas 6:20-26) no se centró únicamente en las circunstancias materiales de las personas, creo que el mensaje es similar al que escribió Santiago. Aunque nuestro bienestar físico es importante, nuestra alegría debe basarse en algo mucho más profundo

---

2. Johnson Oatman, Jr., 1897.

que las circunstancias materiales, una confianza tranquila en el cuidado de Dios por nosotros y en Su fidelidad para hacer que todas las cosas sean correctas al final.

Jesús no se refirió a la pobreza como algo malo

Los evangelistas informan que Jesús se indignó en varias ocasiones—cuando encontró a un hombre con una enfermedad debilitante (Marcos 1:41); ante la muerte de un amigo que amaba (Juan 11:33); con la profanación del templo de Dios por actividad comercial (Juan 2:14-16, Mateo 21:12-13, Marcos 11:15-17); con el esfuerzo de Sus discípulos para mantener a los niños alejados de Él (Marcos 10:14); y con aquellos que priorizaban la observancia ritual sobre hacer el bien y salvar una vida (Marcos 3:5). Sin embargo, no tenemos registro de que Jesús haya pronunciado que la pobreza o la desigualdad de riqueza sean malas.

Por el contrario, Jesús aceptó la pobreza como parte de la vida. Él no condenó la condición económica de los pobres; vino a predicarles el evangelio (Mateo 11:5, Lucas 4:18, 7:22). La palabra "evangelio" significa "buenas noticias". ¿Cuál era la buena noticia para los pobres? ¿Era la noticia de la equidad material, de la redistribución de la riqueza, de masacrar, despojar o exiliar a los ricos? Absolutamente no. Jesús dijo: "a los pobres siempre los tendrán con ustedes" (Mateo 26:11, Marcos 14:7, Juan 12:8). Con esta declaración, no creo que Jesús haya cancelado nuestra obligación de mostrar bondad a los pobres; simplemente reconoció que la oportunidad de hacerlo siempre existirá (Deuteronomio 15:11). La buena noticia para los pobres no tenía nada que ver con sus cuentas bancarias y todo que ver con el hecho de que sus pecados podían ser perdonados, que, incluso sin un solo centavo, podrían regocijarse completamente en el don de Dios, el sacrificio perfecto por la remisión de los pecados que Jesús estaba a punto de hacer de Sí mismo, en la expresión más plena y profunda de bondad amorosa que este mundo haya visto.

Pero, ¿por qué los pobres, específicamente? ¿Por qué no se trajo la buena noticia a todos? En realidad, sí. Por un lado, predicar el evangelio a los pobres fue una parte específica de la profecía del Mesías en Isaías 61:1. Y Jesús, de hecho, nació en una condición baja y predicó el evangelio a aquellos en circunstancias humildes. Pero los pobres—la palabra en Isaías significa 'afligidos' o 'humildes'—no se limita a la condición material, y está (creo yo) relacionado con la declaración de Jesús, "Bienaventurados los pobres en espíritu, pues de ellos es el reino de los cielos" (Mateo 5:3). El don que Él extiende es para todos los que están afligidos—todos nosotros—y que son humildes en el reconocimiento de nuestra necesidad.

La bondad de Dios debe reflejarse en nuestras vidas, y debe ser genuina. Una manera de asegurarse de que tus actos de bondad no son realmente egoístas es hacerlos en secreto (Mateo 6:3, 6:6, 6:18) o hacerlos a aquellos que no tienen forma de devolverte el favor. Jesús dijo que cuando hagamos cenas o recepciones, debemos invitar a los pobres y a aquellos con discapacidades físicas que no pueden retribuirnos

(Lucas 14:13, 21). ¿Lo has hecho alguna vez? Es algo a considerar.

¿Cuál es nuestra obligación última hacia los pobres? Es hacer justicia—por ejemplo, no engañarlos y asegurarnos de que sean juzgados con un estándar imparcial en los tribunales—y amar la bondad:

> Zaqueo, puesto en pie, dijo al Señor: He aquí, Señor, la mitad de mis bienes daré a los pobres, y si en algo he defraudado a alguno, se lo restituiré cuadruplicado. Y Jesús le dijo: Hoy ha venido la salvación a esta casa, ya que él también es hijo de Abraham (Lucas 19:8-9).

Examinaremos más a fondo lo que Dios dice sobre cuidar a los vecinos necesitados en los Capítulos 10-12.

Resumen del capítulo

Hay muchas buenas razones por las que debemos ayudar a nuestro vecino que está en grave necesidad. Debemos hacerlo porque nos gustaría que lo hicieran por nosotros. Debemos hacerlo porque amar a nuestro prójimo es algo bueno. Debemos hacerlo porque Dios nos manda hacerlo. Debemos hacerlo porque cuidar a los demás es bueno para nuestra propia alma. Y, debemos hacerlo con un reconocimiento humilde de que nosotros mismos hemos recibido la gracia y las bendiciones de Dios, y cuidar a los demás es una expresión natural y adecuada de gratitud por lo que Él hizo por nosotros—una que también agrada a Dios.

5

¿TE HAS FIJADO EN MI SIERVO JOB?

Durante cien años, los agitadores comunistas han insistido en que 'los ricos' paguen su 'parte justa'—por lo que ellos entienden como mucho más que lo que otros pagan. Para ellos, 'los ricos' son villanos, enemigos del pueblo. En la visión comunista del mundo, la igualdad de resultados es justicia.

Hubo un hombre en la tierra de Uz llamado Job. Aquel hombre era intachable, recto, temeroso de Dios y apartado del mal ... Su hacienda era de 7,000 ovejas, 3,000 camellos, 500 yuntas de bueyes, 500 asnas y muchísima servidumbre. Aquel hombre era el más grande de todos los hijos del oriente ... Y el Señor dijo a Satanás: "¿Te has fijado en Mi siervo Job? Porque no hay ninguno como él sobre la tierra; es un hombre intachable y recto, temeroso de Dios y apartado del mal." (Job 1:1, 3, 8)

Él era el hombre más rico del oriente… y, en ese mismo momento, Dios llamó a Job "intachable y recto". Pero, ¡un momento! ¿No es el dinero la raíz de todo mal? ¿Y no es la desigualdad de riqueza algo malo? Entonces, ¿cómo es que Dios dice tal cosa? ¿No sabía Él que ser súper rico hace que una persona sea mala?

Odiar a 'los ricos' es una costumbre antigua. Nuestros amigos y familiares pueden haberlo hecho. Las figuras de habla común describen la riqueza como algo malo: Un hombre es 'rico de sobra' o 'rico hasta el hartazgo'. Una gran cantidad de posesiones es 'riqueza obscena'. Muchos socialistas, si hubieran vivido en la época de Job, estarían gritando "¡Agravemos a los ricos!". Pero, ¿se alinea tal perspectiva con la de la Biblia? Y si fomentamos tal actitud hacia las personas que han acumulado riqueza, ¿reflejamos el carácter de Dios? En este capítulo, consideraremos estas preguntas.

Como veremos, Job no era una excepción, y Dios no odia a los ricos. Tampoco dice que la riqueza sea mala o que sea malo ser rico. Y no manda a las personas a odiar a los ricos ni a trabajar en su contra—ni siquiera que sea razonable o excusable si los odias. Volvamos a la Biblia para ver qué dice realmente sobre ser rico y sobre las personas ricas.[1]

---

1. Las palabras usadas en los idiomas originales de la Biblia relacionadas con ser rico incluyen עשיר—ʽashir—"rico"; עשר—ashar—"ser rico"; עשר—ashshar—"hacer rico," עשר—osher—"riquezas"; שוע—shoʽa—"rico, amplio, abundante" (que aparece solo una vez, en Job 34:19); הון—hōn—"riqueza, bienes, riquezas, suficiencia"; חסן—chosen—"cosa guardada o atesorada"; נשג—nasag—"alcanzar, sobrepasar"; חיל—chayil—"fuerza, poder, eficiencia, riqueza, ejército"; πλουσιος—plousios—"rico"; πλουτεω—plouteō—"ser o

La riqueza, bien obtenida y disfrutada, es bendición

Así como un buen padre no le dará a su hijo una serpiente cuando pida un pez (Mateo 7:10; Lucas 11:11), de igual manera Dios nunca le dará a Sus hijos algo malo llamándolo bueno. La Biblia dice: "La recompensa de la humildad y el temor del Señor son la riqueza, el honor y la vida" (Proverbios 22:4), por lo que sabemos que la riqueza no puede ser mala.

La Biblia dice que la riqueza y las riquezas estarán en la casa del hombre que teme al Señor y se deleita en Sus mandamientos (Salmo 112:3) y que el Señor hace ricos a las personas, humillándolas o exaltándolas (1 Samuel 2:7). Dice que una abundancia de bendiciones vendrá sobre el hombre fiel, mientras que quien tenga prisa por hacerse rico será castigado (Proverbios 28:20). La Biblia llama a las riquezas uno de los frutos agradables de la aplicación de la sabiduría (Proverbios 24:4), y dice en otro lugar que la sabiduría tiene riquezas y honra en su mano izquierda (Proverbios 3:16; y riquezas duraderas, 8:18). Las riquezas son la corona de los sabios (Proverbios 14:24), y vienen de Dios (1 Crónicas 29:12, 28).

La Biblia dice que la negligencia conduce a la pobreza, pero la diligencia enriquece; es la bendición del Señor la que enriquece, "y Él no añade tristeza con ella" (Proverbios 10:4, 22). También dice que comer y beber, y disfrutar del fruto del trabajo con alegría, es una buena recompensa (Eclesiastés

---

volverse rico"; πλουτιζω—*ploutizō*—"hacer rico"; y πλουτος—*ploutos*— "riquezas".

5:18-20). El hombre trabajador disfruta de un sueño agradable, sin importar cuánto coma, pero el sueño del rico se ve perturbado por su estómago lleno (Eclesiastés 5:12).

Algunos hombres se hacen ricos usando balanzas deshonestas (Miqueas 6:11-12), pero la riqueza debe ser adquirida honestamente. Todos enfrentaremos la justicia. Aquellos que se enriquecieron y engordaron mediante la injusticia son juzgados por Dios (Jeremías 5:26-28), perderán su riqueza y terminarán como necios (Jeremías 17:11).

¿Quién es mi prójimo?

Dios ama tanto a los ricos como a los pobres, y defiende a aquellos de ellos con los que Él se complace. Dios dijo que Job, el rico, era intachable y recto, y el Salmo 5:12 dice: "Porque Tú, oh Señor, bendices al justo, como con un escudo lo rodeas de Tu favor."

A lo largo de la Biblia, encontramos a personas ricas que agradaron a Dios. David, a quien Dios llamó "un hombre conforme a Su corazón" (1 Samuel 13:14), era muy rico. Salomón agradó a Dios al pedir sabiduría para gobernar al pueblo de Dios en lugar de riquezas, y Dios estuvo complacido en recompensarlo con ambos (1 Reyes 3:11, 13; 2 Crónicas 1:7-12). El hijo de David, Salomón, llegó a ser más grande que todos los reyes de la tierra en riquezas y sabiduría (1 Reyes 10:23-29; 2 Crónicas 9:22), y Dios le permitió construir el primer Templo en Jerusalén.[2] El rey Josafat fue bendecido

---

2. En la vejez de Salomón, se apartó de Dios, incluso construyó lugares

por Dios con riquezas y honor, y usó estas bendiciones para hacer lo que era recto a los ojos de Dios (2 Crónicas 17:3-5), excepto en algunos asuntos (2 Crónicas 20:33, 35-37). Igualmente, el rey Ezequías fue bendecido con riquezas y honor (2 Crónicas 32:27). José de Arimatea, un hombre rico que también era discípulo de Jesús, desempeñó un papel honorable en su sepultura (Mateo 27:57-58, Marcos 15:43, Juan 19:38; cf. Isaías 53:9).

Entonces, no hay nada inherentemente malo en ser rico, y Dios a menudo ha dado grandes riquezas como recompensa a aquellos con quienes Él está complacido. Este hecho no significa que Dios esté complacido con todos los que son ricos, ni que esté descontento con aquellos que no lo son. "¿Por qué prospera el camino de los impíos?" es una pregunta válida (Jeremías 12:1; Salmo 73:3, 12, 17-18), ya que personas deshonestas y pecadoras a menudo logran una gran prosperidad material, mientras que muchos que abundan en amor y buenas obras permanecen pobres.

¿Cómo debemos actuar, entonces, hacia las personas ricas? En primer lugar, debemos tratarlas como personas, con los mismos defectos y tendencias pecaminosas que cualquiera, pero también reflejando la imagen de Dios. Así como Dios no muestra parcialidad (Deuteronomio 10:17; 2 Crónicas 19:7; Hechos 10:34; Romanos 2:11; Gálatas 2:6; Efesios

---

altos para múltiples ídolos de los pueblos circundantes. Debido a estas acciones, Dios le quitó el reino y se lo dio a su siervo. Sin embargo, la Biblia no atribuye el declive moral de Salomón a su gran riqueza, sino a su amor por muchas mujeres extranjeras que luego desviaron su corazón hacia otros dioses (1 Reyes 11:1-8).

6:9), nosotros no debemos favorecer ni a los ricos ni a los pobres (Deuteronomio 1:17; Job 34:19; Proverbios 24:23, 28:21; 1 Timoteo 5:21). Una razón por la que la palabra de Dios enfatiza tanto la situación de los pobres es probablemente el hecho de que existe un incentivo natural a favorecer a los ricos, mientras que los pobres tienen poco que ofrecer. Sin embargo, los predicadores del 'evangelio social' salen de los límites de Dios cuando proponen favorecer a los pobres y desfavorecer a los ricos. Recuerden, la justicia exige un estándar equitativo.

¿Quién es tu amo? Los peligros de la riqueza

La Biblia contiene fuertes advertencias para los ricos. Estas se refieren principalmente a la *perspectiva* y la *administración*. ¿Es la riqueza una bendición o una maldición? La respuesta es: 'sí'. Lo que importa es quién posee tu corazón. Si *sirves* a la riqueza, esta se convertirá en una maldición para ti. Un hombre con un ojo maligno se apresura hacia la riqueza (Proverbios 28:22), y aquellos que desean hacerse ricos "caen en tentación y lazo y en muchos deseos necios y dañosos que hunden a los hombres en la ruina y en la perdición" (1 Timoteo 6:9). Jesús enseñó que la riqueza es engañosa y puede hacer que un hombre no sea buena tierra para la obra que Dios quiere hacer en su corazón (Mateo 13:22; Marcos 4:19; Lucas 8:14). Por otro lado, si sirves a Dios con todo lo que Él te da, entonces la riqueza que adquieras será una bendición, sin importar si es poca o enorme. Hablando a Sus discípulos, Jesús dijo:

"Háganse amigos por medio de las riquezas injustas, para que cuando les falten, los reciban en las moradas eternas. El que es fiel en lo muy poco, es fiel también en lo mucho; y el que es injusto en lo muy poco, también es injusto en lo mucho. Por tanto, si no han sido fieles en el uso de las riquezas injustas, ¿quién les confiará las riquezas verdaderas? Y si no han sido fieles en el uso de lo ajeno, ¿quién les dará lo que es de ustedes? Ningún siervo puede servir a dos señores, porque o aborrecerá a uno y amará al otro, o se apegará a uno y despreciará al otro. No pueden servir a Dios y a las riquezas." (Lucas 16:9-13)

Presta atención a los detalles. No puedes *servir* a Dios y a las riquezas, y los que *desean enriquecerse* caen en *tentación y en lazo*. Estas afirmaciones no descalifican el trabajar por el beneficio o las posesiones, pero la prosperidad material conlleva cierto peligro. La prosperidad también aumenta nuestra obligación moral con Dios (Lucas 12:48; Mateo 25:14-30). La injusticia de David contra Urías al robarle su esposa y enviarlo a ser muerto en batalla se agravó ante los ojos de Dios debido a que David era rico, mientras que Urías no lo era (2 Samuel 12:1-4).

La Perspectiva Correcta

Una visión clara y afectos adecuados nos ayudan a navegar por la vida. La Biblia dice que el que ama el dinero no encontrará satisfacción en él (Eclesiastés 5:10), y muchos sacrifican las alegrías de la vida en la búsqueda de riquezas (Eclesiastés 4:8). Santiago advirtió:

> Oigan ahora, ustedes que dicen: "Hoy o mañana iremos a tal o cual ciudad y pasaremos allá un año, haremos negocio y tendremos ganancia". Sin embargo, ustedes no saben cómo será su vida mañana. Solo son un vapor que aparece por un poco de tiempo y luego se desvanece. Más bien, debieran decir: Si el Señor quiere, viviremos y haremos esto o aquello. Pero ahora se jactan en su arrogancia. Toda jactancia semejante es mala. (Santiago 4:13-16)

Años antes de que Santiago escribiera esas palabras, Jesús recordó a sus oyentes poner la riqueza en perspectiva con la siguiente historia:

> "La tierra de cierto hombre rico había producido mucho. Y él pensaba dentro de sí: "¿Qué haré, ya que no tengo dónde almacenar mis cosechas?". Entonces dijo: "Esto haré: derribaré mis graneros y edificaré otros más grandes, y allí almacenaré todo mi grano y mis bienes. Y diré a mi alma: alma, tienes muchos bienes depositados para muchos años; descansa, come, bebe, diviértete". Pero Dios le dijo: "¡Necio! Esta misma noche te reclaman el alma; y ahora, ¿para quién será lo que has provisto?". Así es el que acumula tesoro para sí, y no es rico para con Dios". (Lucas 12:16-21)

Fíjate en los detalles. Al igual que la advertencia de Santiago, Jesús advirtió sobre acumular tesoros *para nosotros mismos*, mientras no somos ricos para con Dios. El problema no era la riqueza del hombre, sino su corazón y las acciones que de él fluían.

¿Es posible tener gran riqueza y vivir una vida que sea agradable a Dios? Ya hemos visto varias confirmaciones bíblicas de que sí, pero también advertencias de que la riqueza puede tentarnos a apartarnos de Dios o a descuidar las cosas que Dios quiere que hagamos. La Biblia no dice que simplemente hacerse o mantenerse rico sea incorrecto, pero sí dice que acumular riquezas *para el perjuicio del dueño* es un grave mal; nacemos desnudos y así también moriremos, sin llevar con nosotros ninguno de los frutos de nuestro trabajo (Eclesiastés 5:13-17). Un hombre sabio recuerda la diferencia entre lo temporal y lo eterno. Debemos aprender a estar contentos independientemente de nuestra circunstancia material; como dice 1 Timoteo 6:6, la piedad con contentamiento es gran ganancia. Y debemos caminar con integridad: "Aleja de mí la mentira y las palabras engañosas, no me des pobreza ni riqueza; dame a comer mi porción de pan" (Proverbios 30:8).

¿Hasta qué punto deberías esforzarte para volverte rico? Dentro de los parámetros éticos y morales, parte de ello tiene que ver con tu llamado específico; Dios llama a algunos al éxito empresarial para Sus propósitos. Pero como principio general, el rey Salomón advirtió sobre el agotarse para obtener riquezas (Proverbios 23:4). Hay cosas más importantes que la riqueza, y una de ellas es una buena reputación: "Más vale el buen nombre que las muchas riquezas, y el favor que la plata y el oro" (Proverbios 22:1). Como vimos en el capítulo anterior, Dios se preocupa más por el corazón de un hombre y su integridad: "Mejor es el pobre que anda en su integridad, que el que es perverso, aunque sea rico" (Proverbios 28:6). La justicia con poco es mejor que la abundancia de muchos impíos (Salmo 37:16). Las riquezas son efímeras (Job 27:19; Proverbios 27:24).

También debemos tener una perspectiva madura sobre las personas ricas que nos rodean. A menudo, hay un misterio que acompaña a la riqueza, pero la Biblia dice que no debemos temer al hombre rico, porque pronto perecerá, llevándose nada con él (Salmo 49:16-20). Las riquezas no sirven contra la muerte ni para redimir un alma; los ricos y los pobres pronto desaparecerán (Salmo 49:1-12). Las riquezas no benefician en el día de la ira (Proverbios 11:4). El que confía en las riquezas caerá (Proverbios 11:28). El hombre rico debe gloriarse en su baja posición, porque pasará como la hierba, aun mientras va de un lado a otro en sus negocios (Santiago 1:10-11).

Entonces, ¿qué debes hacer si eres rico o si estás en camino de serlo? Hebreos 11:24-26 dice que Moisés consideró el oprobio de Cristo y el sufrir maltrato con el pueblo de Dios como mayores riquezas que los tesoros de Egipto. Si tus riquezas aumentan, no pongas tu corazón en ellas (Salmo 62:10). Si eres rico en este mundo, no seas arrogante ni pongas tu esperanza en la incertidumbre de las riquezas, sino en Dios (1 Timoteo 6:17). Si confías en tus riquezas y no haces de Dios tu refugio, serás ridiculizado por los justos (Salmo 52:7). Jesús dijo que donde esté tu tesoro, allí estará también tu corazón (Mateo 6:21), y tu corazón debe estar con Dios:

Así dice el Señor: "No se gloríe el sabio de su sabiduría, ni se gloríe el poderoso de su poder, ni el rico se gloríe de su riqueza; pero si alguien se gloría, gloríese de esto: de que me entiende y me conoce, pues yo soy el Señor que hago misericordia, derecho y justicia en la tierra, porque en estas cosas me complazco —declara el Señor. (Jeremías 9:23-24)

Entonces, además de la justicia, la equidad y la misericordia (*ḥeṣed*), debemos ser humildes incluso si llegamos a ser ricos. Pablo escribió algo similar:

A los ricos en este mundo, enséñales que no sean altaneros ni pongan su esperanza en la incertidumbre de las riquezas, sino en Dios, el cual nos da abundantemente todas las cosas para que las disfrutemos. Enséñales que hagan el bien, que sean ricos en buenas obras, generosos y prontos a compartir, acumulando para sí el tesoro de un buen fundamento para el futuro, para que puedan echar mano de lo que en verdad es vida. (1 Timoteo 6:17-19)

Concluimos esta sección con dos enseñanzas de Jesús que deben recordarnos que atendamos con urgencia a las cuestiones eternas, por encima de las riquezas y las comodidades que las acompañan en esta vida. En la primera, Jesús dijo: "¡ay de ustedes los ricos! Porque ya están recibiendo todo su consuelo. ¡Ay de ustedes, los que ahora están saciados! Porque tendrán hambre. ¡Ay de ustedes, los que ahora ríen! Porque se lamentarán y llorarán. ¡Ay de ustedes, cuando todos los hombres hablen bien de ustedes! Porque de la

misma manera trataban sus padres a los falsos profetas"
(Lucas 6:24-26).

Segundo, en Lucas 16:19-31, Jesús contó una parábola
sobre un hombre rico sin nombre y un pobre llamado Lázaro.
El hombre rico acostumbraba vestirse de manera lujosa y
vivía todos los días en un esplendor gozoso. El pobre Lázaro
era dejado a la puerta del rico, cubierto de llagas, deseando
incluso ser alimentado con las migas que caían de la mesa del
rico, y los perros le lamían las llagas. Ambos hombres
murieron; Lázaro fue llevado al "seno de Abraham", mientras
que el rico se encontró atormentado por el fuego en el Hades,
desde donde clamó pidiendo a Abraham que enviara a
Lázaro a darle un poco de alivio. Sin embargo, Abraham le
recordó al hombre rico que él había tenido cosas buenas
durante su vida, que ahora Lázaro estaba siendo consolado, y
que ahora había un abismo insalvable fijado entre ellos.

¿Puede un rico entrar en el Reino de Dios?

Hubo un tiempo cuando Jesús dio una instrucción muy
difícil a un joven rico, y luego hizo una declaración seria.
Veamoslo:

> Y cierto hombre prominente le preguntó a Jesús: "Maestro
> bueno, ¿qué haré para heredar la vida eterna?" Jesús le
> respondió: "¿Por qué me llamas bueno? Nadie es bueno,
> sino solo uno, Dios. Tú sabes los mandamientos: 'No
> COMETAS ADULTERIO, NO MATES, NO HURTES, NO DES FALSO
> TESTIMONIO, HONRA A TU PADRE Y A TU MADRE'". "Todo esto

lo he guardado desde mi juventud", dijo el hombre. Cuando Jesús oyó esto, le dijo: "Te falta todavía una cosa; vende todo lo que tienes y reparte entre los pobres, y tendrás tesoro en los cielos; y ven, sígueme". Pero al oír esto, se puso muy triste, pues era sumamente rico. Mirándolo Jesús, dijo: "¡Qué difícil es que entren en el reino de Dios los que tienen riquezas! Porque es más fácil que un camello pase por el ojo de una aguja, que el que un rico entre en el reino de Dios". Los que oyeron esto, dijeron: "¿Y quién podrá salvarse?" "Lo imposible para los hombres, es posible para Dios", respondió Jesús. (Lucas 18:18-27; cf. Mateo 19:16-26 y Marco 10:17-27)

A primera vista, la enseñanza de Jesús parece presagiar la condena para todas las personas ricas. Pero observa cómo respondieron sus oyentes. No dijeron "qué bueno que no soy rico", sino que preguntaron: "¿Quién, pues, podrá ser salvo?" Fue una pregunta muy astuta. No entendieron a Jesús diciendo que solo las personas más ricas que ellos tendrían grandes dificultades para entrar al cielo. Ellos comprendieron que *todos* somos ricos y, por lo tanto, enfrentamos este enorme desafío. Y Jesús respondió "Lo que es imposible para los hombres es posible para Dios."

¿Por qué Jesús le dijo a este joven que vendiera todo? ¿Significa eso que era inmoral para él tener posesiones? No necesariamente. Pero la pregunta ayudó a mostrar al joven un problema en su propio corazón: él ponía su amor por las riquezas por encima de su amor por Dios. En Lucas 19, leemos sobre otro hombre rico, llamado Zaqueo, quien fue liberado del amor al dinero cuando siguió a Jesús y prometió hacer restitución a aquellos a quienes había estafado.

Concluimos esta sección con un último pasaje, una severa advertencia del libro de Santiago:

> ¡Oigan ahora, ricos! Lloren y aúllen por las miserias que vienen sobre ustedes. Sus riquezas se han podrido y sus ropas están comidas de polilla. Su oro y su plata se han oxidado, y su herrumbre será un testigo contra ustedes y consumirá su carne como fuego. Es en los últimos días que han acumulado tesoros. Miren, el jornal de los obreros que han segado sus campos y que ha sido retenido por ustedes, clama contra ustedes. El clamor de los segadores ha llegado a los oídos del Señor de los ejércitos. Han vivido lujosamente sobre la tierra y han llevado una vida de placer desenfrenado. Han engordado sus corazones en el día de la matanza. Han condenado y dado muerte al justo; él no les hace resistencia. (Santiago 5:1-6)

¿Hacia quiénes estaban dirigidas las advertencias de Santiago? ¿A todos los ricos? No, solo a aquellos ricos que retuvieron el pago acordado a los obreros (cf. Mateo 20:1-16), mientras vivían lujosamente y en busca de placer, o que condenaban y mataban al justo. En la acusación sobre acumular tesoros en los últimos días, también discernimos un pecado de omisión. El oro y la plata acumulados por los acusados en un tiempo en que la venida del Señor era inminente y cuando estos materiales podrían haberse aplicado a algún trabajo provechoso para el reino de Dios.

Malentendidos socialistas

Los socialistas comúnmente suponen que las personas ricas deben ser codiciosas y que las personas pobres no lo son. Ninguna de estas afirmaciones es categóricamente cierta. La pobreza no hace a nadie inmune de la tentación, y no es necesario ser rico para amar el dinero o ser codicioso. De hecho, el socialismo está impulsado por la codicia, el miedo y los celos entre aquellos que esperan enriquecerse sin el consentimiento de aquellos de quienes se les tomará la riqueza.

Uno de los conceptos erróneos que los defensores del socialismo utilizan para fomentar el resentimiento hacia las personas ricas es lo que a menudo se llama la falacia del pastel fijo. Hay personas que suponen que hay una cantidad limitada de riqueza en el mundo o en cualquier área local. Si eso fuera cierto, entonces que una persona tenga más riqueza significaría que habría menos para repartir entre los demás.

Sin embargo, en el mundo real, casi no puede existir algo como una economía de bienes limitados (también conocida como 'pastel fijo' o 'suma cero') porque la ingenio humano y la industria son los factores limitantes en casi todos los casos, no los recursos disponibles. Pero incluso suponiendo—por el bien del argumento—que un modelo de pastel fijo fuera correcto, ¿significaría tal realidad que algunas personas tengan más que otras es incorrecto según un estándar bíblico? La respuesta, desde una perspectiva bíblica, seguiría siendo no.

En contraste con el materialismo de los socialistas,

quienes dividen a las personas en víctimas y opresores hasta que toda la riqueza se distribuya 'equitativamente', Dios nos recuerda una y otra vez que la riqueza no es, en última instancia, ni la fuente de nuestra felicidad ni nuestra seguridad en la vida. Es cierto, de alguna manera, que la riqueza del hombre rico es su fortaleza (Proverbios 10:15) y su ciudad fuerte (Proverbios 18:11), y muchas personas aman a los ricos (Proverbios 14:20). Pero, ya sea rico o pobre, cualquiera que ponga su confianza última en su riqueza es necio, ya que todos morirán y la dejarán a otros, mientras que es Dios quien redime el alma del poder de la tumba (Salmo 49:15).

Resumen del capítulo

Dios llamó a Job, el hombre más rico de oriente, "mi siervo" y lo presentó como el más alto ejemplo moral de su tiempo. Hay muchos otros en la Biblia que no son reprendidos por su gran riqueza. La Biblia dice que las riquezas son una recompensa por el trabajo arduo, la sabiduría y el temor del Señor. Entonces, aunque existen peligros para el alma asociados con la riqueza, no hay nada inherentemente malo en ser extremadamente rico—y cualquiera que diga lo contrario llama a Dios mentiroso. Más bien, ya sea que seamos ricos, pobres o estemos en algún punto intermedio, debemos ser generosos y humildes, poner nuestra confianza en Dios y no en las riquezas, y hacer el bien.

6

LOS DIEZ MANDAMIENTOS

Del Señor es la tierra y todo lo que hay en ella, el mundo y los que en él habitan. (Salmo 24:1)

Todo lo que tenemos es un regalo de Dios y en última instancia le pertenece a Él, y nuestra evaluación de los sistemas económicos debe tener en cuenta ese hecho. Tu vida, salud y propiedad existen solo porque Él las creó y las sostiene momento a momento por la palabra de Su poder (Hebreos 1:3).

Sin embargo, la afirmación de la propiedad privada impregna los mandamientos de Dios sobre la forma en que debemos vivir en sociedad. Y, en lo que respecta al lugar del hombre en la creación, Dios dejó claro Su propósito de que los hombres y las mujeres deben tener autoridad sobre la tierra. Lejos de ser una mera concesión o un mal necesario, nuestro dominio sobre la naturaleza es—según la Biblia—central al diseño y propósito de Dios.

"Sean fecundos y multiplíquense. Llenen la tierra y sométanla. Ejerzan dominio sobre los peces del mar, sobre las aves del cielo y sobre todo ser viviente que se mueve sobre la tierra". También les dijo Dios: "Miren, Yo les he dado a ustedes toda planta que da semilla que hay en la superficie de toda la tierra, y todo árbol que tiene fruto que da semilla; esto les servirá de alimento. Y a todo animal de la tierra, a toda ave de los cielos y a todo lo que se mueve sobre la tierra, y que tiene vida, les he dado toda planta verde para alimento."(Génesis 1:28-30)

Observe que estas palabras representan la declaración de Dios sobre el propósito y el rol adecuado del hombre en esta tierra que Él creó. Primero, debemos ser fructíferos y multiplicarnos. Esto significa tener hijos, muchos de ellos. A menos que Dios te haya dicho específicamente lo contrario, tener hijos, tal como Él los da, nunca es un pecado. Al contrario, es un mandato de Dios, quien te creó a ti y al mundo en el que vives.

En segundo lugar, debemos llenar la tierra. Así es, debemos expandirnos y ocupar cada rincón de este planeta que se nos sea posible. Nuevamente, hacer esto es un mandato de Dios. Y no solo debemos llenar la tierra; también debemos someterla. Es decir, claramente debemos cultivar y poner orden en cada parte de la tierra. El alcance de este mandato probablemente incluye, pero no se limita a, domesticar animales, cultivar y cosechar campos, construir casas y otras estructuras, inventar y fabricar objetos útiles, entre otros. Y sí, creo que esto significa (ya que fuimos creados a imagen de Dios, Génesis 1:27) que debemos estar involucrados en actividades creativas como la invención y las artes.

¿Deberías preocuparte por tu 'huella de carbono'? Lee nuevamente Génesis 1:28-30, y creo que encontrarás que la respuesta es '¡absolutamente no!'—¡siempre y cuando la 'huella de carbono' sea el resultado de ser fructífero y multiplicarse, llenar la tierra y someterla! Respirar, conducir, cultivar, construir, establecerse, multiplicarse, vivir en un terreno, y viajar de un lugar a otro es precisamente lo que Dios nos mandó hacer. Cualquiera que te haga sentir culpable—por existir, por respirar, por el uso de recursos, por tu consumo de agua o por quemar leña o cualquier otro combustible, o por tus desechos o disposición de basura, o cualquier otra actividad ordinaria que no viole expresamente un mandato moral de Dios—no está hablando en nombre de Dios. No escuches a esa persona. Estamos rodeados de personas que no tienen la mente de Dios y que no representan Su voluntad para nosotros. Ignóralos y vuelve a poner tu mirada en Dios.

Los Diez Mandamientos

En el tercer mes después de que Moisés condujo al pueblo de Israel fuera de la esclavitud en Egipto, Dios llamó a Moisés al monte Sinaí y le dio los Diez Mandamientos. Estas fueron Sus palabras:

"Yo soy el Señor tu Dios, que te saqué de la tierra de Egipto, de la casa de servidumbre.

"No tendrás otros dioses delante de Mí.

"No te harás ningún ídolo, ni semejanza alguna de lo que está arriba en el cielo, ni abajo en la tierra, ni en las aguas debajo de la tierra. No los adorarás ni los servirás; porque Yo, el Señor tu Dios, soy Dios celoso, que castigo la iniquidad de los padres sobre los hijos hasta la tercera y cuarta generación de los que me aborrecen, y muestro misericordia a millares, a los que me aman y guardan Mis mandamientos.

"No tomarás el nombre del Señor tu Dios en vano, porque el Señor no tendrá por inocente al que tome Su nombre en vano.

"Acuérdate del día de reposo para santificarlo. Seis días trabajarás y harás toda tu obra, mas el séptimo día es día de reposo para el Señor tu Dios. No harás en él obra alguna, tú, ni tu hijo, ni tu hija, ni tu siervo, ni tu sierva, ni tu ganado, ni el extranjero que está contigo. Porque en seis días hizo el Señor los cielos y la tierra, el mar y todo lo que en ellos hay, y reposó en el séptimo día; por tanto, el Señor bendijo el día de reposo y lo santificó.

"Honra a tu padre y a tu madre, para que tus días sean prolongados en la tierra que el Señor tu Dios te da.

"No matarás.

"No cometerás adulterio.

"No hurtarás.

"No darás falso testimonio contra tu prójimo.

"No codiciarás la casa de tu prójimo. No codiciarás la mujer de tu prójimo, ni su siervo, ni su sierva, ni su buey, ni su asno, ni nada que sea de tu prójimo". (Éxodo 20:2-17)

Los primeros cuatro mandamientos abordan nuestra relación con Dios, y los últimos seis tienen que ver con nuestra relación con los demás. En cierto sentido, los últimos seis mandamientos son todas prohibiciones contra el robo: el quinto prohíbe robar el honor debido a los padres, el sexto prohíbe robar la vida de otro mediante el asesinato, el séptimo prohíbe robar el derecho exclusivo de intimidad con el esposo o la esposa de otro, el octavo prohíbe el robo literal, el noveno prohíbe el robo del nombre o del derecho a la justicia de otro, y el décimo prohíbe lo que podría llamarse la premeditación del robo.

Al menos dos de los mandamientos protegen las posesiones tangibles de las otras personas. No debemos robar (Éxodo 20:15), y no debemos codiciar (Éxodo 20:17). Según estos mandamientos, la culpa recae sobre el que codicia, el que no se alegra por la prosperidad de su prójimo, y no sobre el que posee las cosas codiciadas o robadas. Estas prohibiciones son expresiones del segundo mandamiento más grande, amar a nuestro prójimo como a nosotros mismos (Levítico 19:18, Mateo 22:39).

¿Es el dinero maléfico?

Algunos creen que la Biblia dice que "el dinero es la raíz de todo mal." A pesar de la versión del Rey Jaime, no es así. En 1 Timoteo 6:10, Pablo escribe: "Porque la raíz de todos los males es el amor al dinero, por el cual, codiciándolo algunos, se extraviaron de la fe y se torturaron con muchos dolores." No dice que el dinero sea malo, sino que el *amor* al dinero es la raíz de *toda clase* de mal. No dice que el dinero sea la raíz de nada en absoluto, sino solo que es una raíz de toda clase de mal. Y el versículo claramente llama la atención sobre una *actitud del corazón* hacia la riqueza, no sobre el simple hecho de su existencia, ni siquiera sobre su acumulación.

Como se discutió en el Capítulo 5, sabemos que acumular riquezas no es categóricamente malo por el ejemplo de Job, por las numerosas referencias bíblicas a cómo Dios recompensa a algunas personas con gran riqueza, por el cuarto ("Seis días trabajarás"), el octavo ("No robarás") y el décimo ("No codiciarás") mandamiento, y por pasajes como Proverbios 6:6-11.

> Ve, mira la hormiga, perezoso, observa sus caminos, y sé sabio. La cual sin tener jefe, ni oficial ni señor, prepara en el verano su alimento, y recoge en la cosecha su sustento. ¿Hasta cuándo, perezoso, estarás acostado? ¿Cuándo te levantarás de tu sueño? "Un poco de dormir, un poco de dormitar, un poco de cruzar las manos para descansar", y vendrá tu pobreza como vagabundo, y tu necesidad como un hombre armado.

Debemos tomar la iniciativa, ser industriosos y acumular riqueza: ¡estas actividades son *sabias*! Los problemas morales surgen solo cuando un propietario no mantiene las cosas en la perspectiva correcta, o cuando la riqueza se convierte en una herramienta para la injusticia o la actividad inmoral. Aparte de eso, la propiedad es parte de nuestras vidas, completamente afirmada por Dios como algo bueno y digno de ser buscado, siempre y cuando no se convierta en un ídolo.

Hay otro pasaje relacionado con la acumulación de posesiones que tiene potencial de ser malinterpretado. Se encuentra entre las instrucciones de Jesús a sus discípulos:

> Y cuando vayan, prediquen diciendo: "El reino de los cielos se ha acercado". Sanen enfermos, resuciten muertos, limpien leprosos, expulsen demonios; de gracia recibieron, den de gracia. "No se provean de oro, ni de plata, ni de cobre para llevar en sus cintos, ni de alforja para el camino, ni de dos túnicas, ni de sandalias, ni de bordón; porque el obrero es digno de su sostén". (Mateo 10:7-10)

¿Debería nadie poseer nada más que la ropa que lleva puesta y los artículos que puede cargar? No, porque eso contradeciría muchas otras secciones de la Biblia, como "Ve, mira la hormiga." No, estas fueron instrucciones dadas a los discípulos de Jesús, para un propósito específico, un momento particular de sus vidas y una misión concreta. Ellos estaban siendo enviados a predicar. No era un principio para todas las personas, ni siquiera un mandato para todos los cristianos. Sin embargo, hay una gran sabiduría en la instrucción de Jesús de dar con generosidad. Una persona que confía en Dios generalmente tendrá una actitud desprendida hacia las posesiones y practicará la generosidad, sabiendo que esas cosas son, en primer lugar, un regalo temporal de Dios.

Entonces, ¿a qué hemos llegado respecto al tema de la

propiedad y la posesión? Primero, no somos intrusos en esta tierra. Somos aquellos a quienes Dios ha dado el mandato de llenarla y someterla. Segundo, como vimos en los Diez Mandamientos y veremos aún más plenamente en los próximos capítulos, debemos respetar la propiedad de los demás al no robar y no codiciar. Y, por último, debemos mantener una perspectiva correcta sobre la propiedad que poseemos, es decir, aquello que Dios ha confiado a nuestra mayordomía individual.

Resumen del capítulo

El mandato de Dios de no robar ni codiciar confirma el derecho de tu prójimo a poseer bienes y disponer de ellos como desee. También confirma que cualquier persona que busque redistribuir la riqueza u otros bienes sin el consentimiento del propietario está cometiendo un acto maligno. El mandato de Jesús a Sus discípulos de no adquirir oro, plata ni ropa adicional no fue universal, sino una instrucción específica adaptada a su tarea y propósito particular. Todos debemos recordar que nuestro tiempo en la tierra es limitado, y aunque debemos ser diligentes, también debemos mantener una perspectiva correcta y no depositar nuestra confianza en las posesiones.

7

TRABAJO

Hablando de ser diligentes, ¿por qué le importa a Dios—quien hizo todo y ante quien somos como langostas (Isaías 40:22)—si trabajamos? ¿Por qué le importa si te levantas por la mañana y haces algo productivo con tu tiempo y energía? ¿Necesita Dios nuestra productividad? ¿Le aporta nuestro trabajo algo que Él no podría simplemente hablar para que exista?

La respuesta obvia es 'no', sin embargo, Dios nos dice repetidamente y de manera explícita que trabajemos. De hecho, nuestro trabajo es tan importante para Él que es el tema del Cuarto Mandamiento:

"Seis días trabajarás y harás toda tu obra ... Porque en seis días hizo el Señor los cielos y la tierra, el mar y todo lo que en ellos hay" (Éxodo 20:9, 11; cf. Deuteronomio 5:13-14)

El socialismo se basa en una visión del significado y

propósito del trabajo muy diferente de la que presenta la Biblia. Cerca del final de este capítulo, después de haber examinado lo que dice la Biblia, discutiremos brevemente la perspectiva socialista y dejaremos que el marcado contraste se haga evidente. Recuerda, la pregunta que planteamos no es si la Biblia debe dictar leyes seculares, sino si el socialismo es correcto según un estándar bíblico; es decir, si aquellos que siguen a Dios pueden apoyarlo legítimamente.

El Significado del Trabajo

Dios dice que trabajemos seis días a la semana, porque Él trabajó seis días cuando creó todo. Hechos a imagen de Dios, Él dice que es correcto que sigamos ese patrón. Durante seis días de la semana, trabajar es correcto. En un día de la semana, el sábado, trabajar se convierte en pecado.

El trabajo, entonces, tiene un significado espiritual. Hay diferentes tipos de trabajo (por ejemplo, pastor, niñera, presidente, albañil, conserje, agricultor, cocinero, vendedor, etc.), y podríamos imaginar que el nuestro no es importante. Tal idea debe ser rechazada. Pablo recordó a los colosenses que incluso el trabajo humilde honra a Dios: "Todo lo que hagan, háganlo de corazón, como para el Señor y no para los hombres, sabiendo que del Señor recibirán la recompensa de la herencia. Es a Cristo el Señor a quien sirven" (Colosenses 3:23-24). Por supuesto, algunos trabajos son ilícitos o inmorales, y no debemos convertir el mandato de Dios de trabajar en una excusa para hacer cosas que la Biblia llama pecado.

El trabajo *siempre* produce ganancia. "En todo trabajo hay ganancia, pero el vano hablar conduce solo a la pobreza" (Proverbios 14:23). La ganancia puede ser material o inmaterial, buena (Tito 3:8) o mala (por ejemplo, Romanos 6:23, "la paga del pecado es muerte"). Proverbios 3:14 dice que la ganancia de la sabiduría—evidentemente no solo física—es *mejor* que la de la plata o el oro fino. Cuando hagas tu trabajo, recuerda que hay ganancia más allá de lo que es visible en un cheque de pago o en una cuenta bancaria.

La ganancia material puede ahorrarse, disfrutarse, regalarse o usarse con algún propósito u otro. Desafortunadamente, a veces puede ser robada por otros o consumida por circunstancias como el óxido, las polillas o un desastre natural. En última instancia, todas nuestras ganancias materiales se convertirán en polvo (Eclesiastés 3:20), por lo que una persona sabia no dejará de prestar atención a otros tipos de ganancia. Como dijo Jesús, "¿qué provecho obtendrá un hombre si gana el mundo entero, pero pierde su alma? O ¿qué dará un hombre a cambio de su alma?" (Mateo 16:26; cf. Marcos 8:36 y Lucas 9:25).

El trabajo debe ser una gran parte de nuestra actividad, pero no debe ser interminable. De hecho, la pena por trabajar en el sabbat debía ser *la muerte* (Éxodo 31:14-15; 35:2). Una discusión completa sobre el sabbat, el sábado y el trabajo en el primer día (el Día del Señor, es decir, el domingo) desde la muerte y resurrección de Jesús está fuera del alcance de este libro, pero tanto el sabbat como el Jubileo (que se discutirá en el Capítulo 14) fueron cumplidos en Jesús, Quien es la cosa misma, mientras que son sombras de

Él (Colosenses 2:16-17). Los cristianos reconocen el sabbat, aunque algunos (siguiendo el ejemplo de la iglesia primitiva, que comenzó a adorar en el primer día de la semana) confunden erróneamente el sabbat del Antiguo Testamento con el domingo, mientras que otros imaginan incorrectamente que la observancia del sabbat juega un papel en su salvación. No lo hace (Romanos 3:20, 28; Efesios 2:8-9).

El Propósito del Trabajo

"Porque lo dije yo" debería ser razón suficiente para obedecer a nuestros padres. Dado que Dios dijo que trabajemos, debemos trabajar. Pero Dios es un buen Padre, y los mandamientos—including el mandamiento de trabajar—son para nuestro bien y no para nuestro mal. El trabajo es duro, más que puro gozo, debido al pecado de Adán y Eva: "Maldita será la tierra por tu causa; con trabajo comerás de ella todos los días de tu vida. Espinos y cardos te producirá, y comerás de las plantas del campo. Con el sudor de tu rostro comerás el pan hasta que vuelvas a la tierra, porque de ella fuiste tomado; pues polvo eres, y al polvo volverás" (Génesis 3:17-19).

Uno de los propósitos del trabajo es nuestra propia provisión. Ya hemos visto que hay ganancia en todo trabajo, y que debemos seguir el ejemplo de la hormiga que trabaja y ahorra. No debemos trabajar de manera indiferente, sino hacer nuestro mejor esfuerzo: La diligencia trae riqueza, y la negligencia trae pobreza (Proverbios 10:4); el trabajo perezoso trae destrucción (Proverbios 18:9), el deseo del perezoso que se niega a trabajar lo lleva a la muerte (Proverbios 21:25), y el amor al placer hará a uno pobre (Proverbios 21:17). La Biblia dice que debemos estar dispuestos a trabajar por nuestro sustento (2 Tesalonicenses 3:10-12). Los discípulos de Jesús hacían trabajos honestos como pescadores (Lucas 5:2-5; cf. Juan 21:7-8).

Dios promete establecer los planes de aquellos que entregan sus obras a Él (Proverbios 16:3), y que el que es hábil en su trabajo estará ante reyes (Proverbios 22:29). Y recompensa al trabajador con un sueño agradable (Eclesiastés 5:12). La mujer de Proverbios 31 es elogiada por—entre muchas otras cosas—su diligencia y el gozo que toma en sus buenos trabajos (Proverbios 31:13, 31). Nuestro trabajo en esta vida debe mantenerse en perspectiva. Dios nos dice que trabajemos, pero la Biblia también dice que todas las obras que hacemos son vanidad y afán de viento (Eclesiastés 1:14, 2:17, 3:9). En el día del Señor, la tierra y todas sus obras serán consumidas por fuego (2 Pedro 3:10).

A veces, el trabajo humilde trae oportunidades que no tendríamos de otro modo (Hechos 18:3). Nuestro trabajo no debe ser solo para nosotros mismos, sino para permitirnos ser generosos con los demás (Hechos 20:35). El trabajo no transaccional también es importante (Romanos 16:3, 6, 9, 12, 21; Filipenses 4:3; Colosenses 1:29; 1 Tesalonicenses 2:9; 5:12-13; 1 Timoteo 5:10; 6:18; Tito 2:5). En última instancia, fuimos hechos para trabajar, y necesitamos trabajar—para experimentar la alegría de producir algún resultado o producto. Negarle a una persona capaz tal satisfacción al hacerla depender del sustento a expensas de sus vecinos es robarle parte de su humanidad.

El Concepto Socialista del Trabajo

El lema de los socialistas nacionales de Hitler era "Arbeit Macht Frei" ("el trabajo te hace libre"). El *Manifiesto Comunista* de Marx y Engels comienza con "¡Trabajadores del mundo, uníos!" El trabajo es un tema central en la empresa socialista, pero el significado y el resultado del trabajo para un socialista es muy diferente de lo que la Biblia presenta. Para empezar, los socialistas no reconocen el derecho fundamental del trabajador a su propio esfuerzo y sus frutos. Estos pertenecen al colectivo, no a él—por eso el socialista justifica tanto la esclavitud como la redistribución de la riqueza (volveremos a este tema en el Capítulo 15). Los socialistas aman a los trabajadores en abstracto, pero los separan en la realidad del significado del trabajo y niegan al trabajador cualquier reclamo esencial sobre su esfuerzo o producto.

Resumen del capítulo

Dios nos creó, varón y hembra, a Su imagen. Nos hizo con un propósito, para llenar la tierra y someterla. Parte de estar a Su imagen, con esta tarea específica de llenar y someter la tierra, es el *trabajo*, el cual—en el cuarto mandamiento—se ordena hacer durante seis días a la semana. En todo trabajo, la Biblia nos dice que hay ganancia. Como fuimos hechos para trabajar y disfrutar nuestro trabajo y sus resultados, que alguien nos separe del fruto de nuestro trabajo, o lo tome contra nuestra voluntad, es robar algo que necesitamos como seres humanos.

8

LA IGLESIA DE LOS HECHOS

Hechos 5 contiene una de las afirmaciones morales más claras sobre la propiedad en toda la Biblia. Así que, realmente es sorprendente que algunos hayan intentado presentar este pasaje como evidencia de que Dios favorece el socialismo. Como suele ocurrir, la visión errónea se revela al examinar de cerca los detalles.

Sería incorrecto sugerir que la lección principal que se debe extraer de la iglesia en Hechos es la justicia de los mercados libres y la propiedad. Esa observación es solo incidental. Sin embargo, insistir en que el escenario significa lo contrario—es decir, que niega el derecho moral del individuo a su propiedad—nos obligaría a ignorar las palabras de Pedro o a eliminarlas de la Biblia. No haremos ninguna de estas cosas.

Así que, vamos a presentar la escena antes de examinar cuidadosamente lo que Dios afirma como moral—y lo que rechaza como incorrecto. El contexto es Jerusalén, durante los meses posteriores a la muerte y resurrección de Jesús, e inmediatamente después de la efusión del Espíritu Santo en el día de Pentecostés. Pedro había hecho su poderoso discurso, y tres mil personas se añadieron en un solo día al número inicial de aproximadamente ciento veinte, y fueron bautizadas. Esta iglesia temprana estaba llena de celo y unida como una sola familia. Fue un momento muy especial. Tal unidad entre todos los creyentes probablemente nunca se había visto antes ni se volvería a ver. Debió haber sido maravilloso ver y experimentar todo esto.

Leemos que aquellos que creyeron durante este tiempo "estaban juntos y tenían todas las cosas en común; vendían todas sus propiedades y sus bienes y los compartían con todos, según la necesidad de cada uno. Día tras día continuaban unánimes en el templo y partiendo el pan en los hogares, comían juntos con alegría y sencillez de corazón, alabando a Dios y hallando favor con todo el pueblo. Y el Señor añadía cada día al número de ellos los que iban siendo salvos" (Hechos 2:44-47). Eventualmente, "ninguno decía ser suyo lo que poseía, sino que todas las cosas eran de propiedad común" (Hechos 4:32). Los creyentes estaban vendiendo sus casas y tierras, y llevando las ganancias a los apóstoles para que las administraran y distribuyeran como ellos lo consideraran conveniente. Aunque el texto no dice que vivieran todos juntos en un solo lugar, en lugar de vivir repartidos por Jerusalén, no sería incorrecto caracterizar su modo de vida como comunal, en el sentido de tener la propiedad en común.

Entre los creyentes de Jerusalén había un matrimonio

propietario de bienes. Después de que Bernabé vendiera una parcela de tierra que poseía y trajera el dinero a los apóstoles, parece que esta pareja, posiblemente motivada por la culpa o el deseo de aprobación social, hizo algo similar. Tomemos el relato bíblico desde aquí:

> Pero cierto hombre llamado Ananías, con Safira su mujer, vendió una propiedad, y se quedó con parte del precio, sabiéndolo también su mujer; y trayendo la otra parte, la puso a los pies de los apóstoles. Mas Pedro dijo: Ananías, ¿por qué ha llenado Satanás tu corazón para mentir al Espíritu Santo, y quedarte con parte del precio del terreno? Mientras estaba sin venderse, ¿no te pertenecía? Y después de vendida, ¿no estaba bajo tu poder? ¿Por qué concebiste este asunto en tu corazón? No has mentido a los hombres sino a Dios. Al oír Ananías estas palabras, cayó y expiró; y vino un gran temor sobre todos los que lo supieron. Y los jóvenes se levantaron y lo cubrieron, y sacándolo, le dieron sepultura.
>
> Después de un lapso como de tres horas entró su mujer, no sabiendo lo que había sucedido. Y Pedro le preguntó: Dime, ¿vendisteis el terreno en tanto? Y ella dijo: Sí, ese fue el precio. Entonces Pedro le dijo: ¿Por qué os pusisteis de acuerdo para poner a prueba al Espíritu del Señor? Mira, los pies de los que sepultaron a tu marido están a la puerta, y te sacarán también a ti. Al instante ella cayó a los pies de él, y expiró. Al entrar los jóvenes, la hallaron muerta, y la sacaron y le dieron sepultura junto a su marido. (Hechos 5:1-10)

¿Entonces, qué ocurrió? A primera vista, podría parecer que Pedro estaba enojado con Ananías por no darle todo el dinero de la venta de su propiedad. Pero eso no fue lo que Pedro dijo. De hecho, Pedro le confirmó a Ananías que era su decisión si vendía la tierra en primer lugar, y también era su decisión si entregaba todo el dinero a los apóstoles o no. Lo que Pedro reprendió a Ananías fue *mentirle a Dios*. Ananías presentó la cantidad que dio como si fuera el precio total de la venta de su campo. La misma escena se repite con su esposa Safira, quien también mintió a Pedro sobre el precio de venta.

¿Fueron Ananías y Safira obligados por los apóstoles o por alguien más a vender su propiedad? No. Después de vender su propiedad, ¿fueron Ananías y Safira obligados a entregar el dinero a Pedro? De nuevo, no. Existía presión social ciertamente, pero la decisión de Ananías de llevar el dinero a Pedro fue voluntaria. Estos dos no fueron fulminados por Dios por no compartir todas sus posesiones. Incluso en Jerusalén, no había un mandato general o una orden de parte de Dios ni de los apóstoles para que los creyentes—y mucho menos la sociedad secular—liquidaran sus posesiones o las entregaran a la administración común de los líderes.

De hecho, incluso durante este período, se enfatizó la responsabilidad individual para satisfacer las necesidades: "Pero si alguno no provee para los suyos, y especialmente para los de su casa, ha negado la fe y es peor que un incrédulo ... Si alguna creyente tiene viudas en la familia, que las mantenga" (1 Timoteo 5:8, 16).

En 2 Corintios 8:1-4, Pablo relató cómo los creyentes en Macedonia rebosaban de generosidad a pesar de su pobreza extrema. Los presentó como ejemplo, escribiendo a los corintios:

Vean que también abunden en esta obra de gracia. No digo esto como un mandamiento, sino para probar, por la solicitud de otros, también la sinceridad del amor de ustedes ... Porque si hay buena voluntad, se acepta según lo que se tiene, no según lo que no se tiene. Esto no es para holgura de otros y para aflicción de ustedes, sino para que haya igualdad. En el momento actual la abundancia de ustedes supla la necesidad de ellos, para que también la abundancia de ellos supla la necesidad de ustedes, de modo que haya igualdad. Como está escrito: 'EL QUE RECOGIÓ MUCHO, NO TUVO DEMASIADO; Y EL QUE RECOGIÓ POCO, NO TUVO ESCASEZ'" (2 Corintios 8:7-8, 12-15).

La última parte de este pasaje es una cita de Éxodo 16:18 y se refiere a la recolección del maná que Dios envió diariamente para Israel en el desierto. Todo lo que recolectamos a través de nuestro trabajo son regalos de Dios: "Toda buena dádiva y todo don perfecto viene de lo alto, desciende del Padre de las luces, con el cual no hay cambio ni sombra de variación" (Santiago 1:17). Pero aquí, como en otros lugares, Pablo da por hecho que sus oyentes poseen sus propiedades —por eso los insta a practicar el amor y una buena administración.

Imagina por un momento cuál habría sido la instrucción

de la iglesia en Hechos o de Pablo si tuvieran una premisa socialista. Su mandato habría sido reconocer el derecho de los líderes—o del gobierno secular—de redistribuir los recursos, y que todos simplemente lo aceptaran. Si Karl Marx hubiera escrito la Biblia, eso sería lo que esperaríamos ver. Pero no es eso lo que encontramos en estos pasajes, ni en ningún otro lugar de la Biblia.

Resumen del capítulo

La iglesia primitiva de Jerusalén sostenía voluntariamente sus posesiones en común, administradas por los apóstoles. No hubo una orden para que todos en Jerusalén se deshicieran de sus propiedades y las pusieran en manos de las autoridades gubernamentales seculares, ni siquiera un mandato para que los creyentes lo hicieran. La donación fue hecha por los creyentes, a los apóstoles, como un acto de amor a Dios y hacia el avance del Evangelio. No hay indicio en las Escrituras de que lo que sucedió entonces sea un mandato o un modelo perpetuo para la iglesia, mucho menos una práctica viable para la sociedad secular.

9

LA PARÁBOLA DE LOS TRABAJADORES EN LA VIÑA

¿Es justo que un empleador pague diferentes tarifas por hora a los trabajadores que realizan el mismo trabajo? Algunas personas hoy responderían: "¡No! ¡Cualquier cosa que no sea igual trabajo por igual paga es injusta e injustificable!" Pero, ¿te sorprendería saber que su opinión va en contra de lo que dice la Biblia?

Jesús mismo enfatizó que las tarifas de pago diferentes son completamente justas, siempre y cuando sean el resultado de un acuerdo mutuo entre el empleador y el empleado. La Parábola de los Obreros en la Viña, que se encuentra en Mateo 20, es una de las muchas afirmaciones bíblicas claras sobre el derecho de cada persona a hacer con su propiedad lo que desee. Veamos.

En una ocasión, Jesús aprovechó la oportunidad para enseñar a sus discípulos cómo funciona el reino de los cielos. Pedro acababa de hacerle una pregunta sobre cómo él y sus compañeros discípulos serían cuidados en el cielo en relación con otros que seguían al Señor. En respuesta, Jesús le dijo claramente a Pedro que los doce discípulos se sentarían en doce tronos para juzgar a las doce tribus de Israel, y también que recibirían recompensas muchas veces mayores que lo que habían dejado atrás por "todo el que haya dejado casas, o hermanos, o hermanas, o padre, o madre, o hijos o tierras" por su nombre (Mateo 19:29). Pero Jesús moderó las expectativas de Pedro con una declaración adicional: muchos de los primeros serán últimos, y los últimos serán primeros—y esta declaración fue la transición de Jesús a la parábola que ahora consideraremos.

Jesús enseñaba frecuentemente a través de parábolas: historias que usan ejemplos comprensibles basados en situaciones de la vida real para ilustrar profundas verdades. Como maestro, Jesús podía elegir la historia. Como veremos, Su evidente propósito en ese momento fue mostrar cómo la decisión de Dios de mostrar misericordia y generosidad es *un derecho de Dios* y *perfectamente justo*. ¿Qué tipo de historia crees que eligió?

No necesitamos imaginarlo. Gracias al registro escrito de estos eventos por Mateo, podemos leer lo que Jesús dijo. Este pasaje suele titularse "La Parábola de los Obreros en la Viña", y es una de las demostraciones más poderosas de que lo que hoy llamamos capitalismo o intercambio en libre mercado es un sistema justo cuando se mide según el estándar de Dios. Aquí está la parábola:

"Porque el reino de los cielos es semejante a un hacendado que salió muy de mañana para contratar obreros para su viña. Y habiendo convenido con los obreros en un denario al día, los envió a su viña. Salió después como a la hora tercera, y vio parados en la plaza a otros que estaban sin trabajo; y a estos les dijo: 'Vayan también ustedes a la viña, y les daré lo que sea justo'. Y ellos fueron. Volvió a salir como a la hora sexta y a la novena, e hizo lo mismo. Y saliendo como a la hora undécima, encontró a otros parados, y les dijo: '¿Por qué han estado aquí parados todo el día sin trabajar?'. Ellos le dijeron: 'Porque nadie nos ha contratado'. Él les dijo: 'Vayan también ustedes a la viña'.

"Al atardecer, el señor de la viña dijo a su mayordomo: 'Llama a los obreros y págales su jornal, comenzando por los últimos y terminando con los primeros'. Cuando llegaron los que habían sido contratados como a la hora undécima, cada uno recibió un denario. Cuando llegaron los que fueron contratados primero, pensaban que recibirían más; pero ellos también recibieron un denario cada uno. Y al recibirlo, murmuraban contra el hacendado, diciendo: 'Estos últimos han trabajado solo una hora, pero usted los ha hecho iguales a nosotros que hemos soportado el peso y el calor abrasador del día'.

"Pero respondiendo el hacendado, dijo a uno de ellos: 'Amigo, no te hago ninguna injusticia; ¿no conviniste conmigo en un denario? Toma lo que es tuyo, y vete; pero yo quiero darle a este último lo mismo que a ti. ¿No me es lícito hacer lo que quiero con lo que es mío? ¿O es tu ojo malo porque yo soy bueno?'. Así, los últimos serán primeros, y los primeros, últimos". (Mateo 20:1-16)

Hablemos del contenido de este pasaje. ¿Qué ocurrió? Un terrateniente necesitaba obreros para cosechar su viñedo. Salió y ofreció una cantidad determinada de pago —un denario—por un día de trabajo. Algunos hombres aceptaron la oferta y fueron enviados al viñedo a trabajar. Más tarde, alrededor de las 9 a.m., hizo lo mismo y contrató a más obreros. Repitió lo mismo alrededor del mediodía, luego a las 3 p.m., y finalmente a las 5 p.m. El final de la jornada laboral era a las 6 p.m., y el dueño llamó a los últimos trabajadores contratados, que solo habían trabajado una hora, para recibir su pago. Al darles a cada uno un denario, la misma cantidad acordada con los primeros, los demás comenzaron a esperar más. Sin embargo, se sintieron decepcionados, no porque el dueño no hubiera cumplido su promesa, sino porque estaban celosos, y sus expectativas ajustadas resultaron no ser ciertas. Él les pagó tal como habían acordado, y ante su protesta, les señaló que no les había hecho ningún mal siendo más generoso con otros trabajadores con los que había hecho un acuerdo diferente.

Los principios principales establecidos por Jesús son, primero, el dueño tiene derecho a hacer lo que quiera con lo que posee; segundo, un contrato entre dos partes regula justamente su acuerdo laboral; y tercero, codiciar la propiedad de otros es incorrecto.

Ahora, reconozcamos de qué trataba la parábola. A partir del contexto, entendemos que Jesús no la contó con el propósito principal de enseñar sobre la justicia en las interacciones económicas humanas. Más bien, usó una situación que podría ocurrir en la vida de sus oyentes como medio para ayudarles a entender algo sobre el reino de los cielos.

Sin embargo, aunque las interacciones económicas entre las personas no eran la lección *principal* que Jesús estaba enseñando en la Parábola de los Obreros en la Viña, podemos notar en esta historia lo que Dios presenta como justo en las relaciones económicas humanas. El hecho de que todos estos principios estén en armonía con las enseñanzas encontradas en el resto de la Biblia sobre la justicia en las interacciones económicas confirma que no estamos leyendo en el pasaje algo que no está allí.

Para comprender el peso moral del asunto, primero acordemos que Jesús nunca representaría las acciones de Dios como *injustas*. La Biblia es clara en que Dios es justo. Por ejemplo, Job 8:3 pregunta: "¿Acaso tuerce Dios la justicia o tuerce el Todopoderoso lo que es justo?"—estas son preguntas retóricas, cuya respuesta obvia es 'no.' En el Salmo 51:4, David dice a Dios: "Eres justo cuando hablas, y sin reproche cuando juzgas." Mientras tanto, en el Salmo 89:14, Etán el ezraíta dice a Dios: "La justicia y el derecho son el fundamento de Tu trono" (una frase similar se repite en el Salmo 97:2). Y en el Salmo 111:7 leemos que "las obras de Sus manos son verdad y justicia, fieles todos Sus preceptos." Isaías 30:18 nos dice: "el SEÑOR es un Dios de justicia; ¡Cuán bienaventurados son todos los que en Él esperan!" Y, en Jeremías 9:24, Dios dice: "Yo soy el SEÑOR que hago misericordia, derecho y justicia en la tierra, porque en estas cosas me complazco."

Por lo tanto, debemos entender que las acciones del

terrateniente en esta parábola—quien representa a Dios—
son justas, y que, por lo tanto, los acuerdos contractuales con
términos diferentes entre partes que consienten libremente
son inherentemente justos.

Resumen del capítulo

Cuando Jesús ilustró la justicia de Dios al admitir a las
personas al cielo a una hora tardía y sin obras en Mateo 20:1-
16, eligió un ejemplo de una relación empleador-empleado
en la que los obreros se quejaban sobre diferentes tarifas por
hora. Jesús invitó a sus oyentes a reconocer la justicia de un
contrato mutuamente acordado, el derecho del terrateniente
a ser selectivamente generoso con su riqueza y el pecado de
codiciar. Dado que Dios es justo, no tendría sentido que Jesús
usara un ejemplo de injusticia humana como modelo para
las relaciones de Dios con los hombres. Por lo tanto, debemos
asumir que el pago de diferentes salarios por hora de
cualquier cantidad, si es acordado mutuamente por todas las
partes desde el principio, es inherentemente justo.

10

DOS TÚNICAS Y UN VECINO NECESITADO

E n abril de 2020, el Papa Francisco, quien recientemente había estado llamando a la redistribución forzada de la riqueza en forma de un salario básico universal, pronunció un sermón en Roma instando a la eliminación de las desigualdades, diciendo: "Esto no es una ideología, es el cristianismo". También instó a sus oyentes a usar la pandemia de COVID-19 "como una oportunidad para prepararnos para nuestro futuro colectivo", y pareció sugerir que Dios mismo no sería capaz de preservar el futuro para nadie a menos que exista "una visión integradora".[1]

Los socialistas tienden a operar bajo la suposición de que la distribución desigual de la riqueza es injusta, y en ocasiones presentan partes seleccionadas de la Biblia como

---

1. Winfield, Nicole, "Pope dreams of post-virus world where inequalities abolished." Associated Press, April 19, 2020.

supuesto apoyo para esa afirmación. Pero, ¿realmente la Biblia dice que las posesiones deben ser niveladas? Si has leído hasta aquí, probablemente entiendas que la respuesta es *no*. En este capítulo, consideramos un pasaje bíblico que a veces se presenta como apoyo para nivelar la riqueza. Un día, hablando a las multitudes, Juan el Bautista dijo:

> "¡Camada de víboras! ¿Quién les enseñó a huir de la ira que vendrá? Por tanto, den frutos dignos de arrepentimiento; y no comiencen a decirse a ustedes mismos: 'Tenemos a Abraham por padre', porque les digo que Dios puede levantar hijos a Abraham de estas piedras. El hacha ya está puesta a la raíz de los árboles; por tanto, todo árbol que no da buen fruto es cortado y echado al fuego". Y las multitudes le preguntaban: "¿Qué, pues, haremos?". Juan les respondía: "El que tiene dos túnicas, comparta con el que no tiene; y el que tiene qué comer, haga lo mismo". (Lucas 3:7-11)

Primero, el hablante es el primo de Jesús, Juan. Segundo, su declaración, "El que tiene dos túnicas comparta con el que no tiene; y el que tiene qué comer, haga lo mismo", fue una respuesta a la multitud que le preguntaba a Juan qué debían hacer para evitar el hacha que, según él, ya estaba puesta en la raíz de los árboles, lista para cortar y echar al fuego a todo aquel que no diera buen fruto.

Ahora bien, Juan obviamente les decía a sus oyentes que hicieran el bien, no el mal. Cuando un hombre tiene un exceso y otro está al borde de la hambruna o de una exposición peligrosa a los elementos o la vergüenza pública por estar desnudo, es correcto que quien tiene de más comparta con él para evitar el peligro inmediato. Salvar a un extraño del daño o la vergüenza es una aplicación simple y obvia de Lucas 6:31, "Y así como quieran que los hombres les hagan a ustedes, hagan con ellos de la misma manera."

En segundo lugar, Juan dijo que *compartieran*. El griego es μεταδοτω *metadotó*, que significa "compartir con alguien lo que uno tiene."[2] Se usa en un sentido similar en Efesios 4:28, "a fin de que tenga [algo] **qué compartir** con el que...". La palabra también puede significar 'dar' (por ejemplo, de manera caritativa), como en Romanos 12:6-8, o 'impartir', como en Romanos 1:11, "para **impartirles** algún don espiritual", o 1 Tesalonicenses 2:8, "Teniendo así un gran afecto por ustedes, nos hemos complacido en **impartirles** no solo el evangelio de Dios, sino también nuestras propias vidas, pues llegaron a ser muy amados para nosotros".

Finalmente, notemos la naturaleza *voluntaria* del acto. Juan les decía a las personas que le preguntaban qué debían hacer para evitar la ira inminente de Dios: Él 'debería' (o 'deje que el que') compartir libremente con los que están en gran necesidad. La palabra es generalmente no forzada.

La base para la obligación individual hacia un vecino en necesidad se encuentra a lo largo del Antiguo Testamento. Al igual que las instrucciones de Juan el Bautista a las multi-

---

2. Luow, Johannes P. y Eugene A. Nida, *Greek-English lexicon of the New Testament: based on semantic domains* (Nueva York: the United Bible Societies, 1988). Volumen I. 569.

que querían escapar de la ira de Dios, así también las instrucciones de Dios al pueblo de Israel eran *específicas, personales* y *limitadas*:

> Cuando prestes cualquier cosa a tu prójimo, no entrarás en su casa para tomar su prenda. Tú te quedarás afuera, y el hombre a quien hiciste el préstamo te traerá la prenda. Si él es un hombre pobre, no te acostarás reteniendo aún su prenda. Al ponerse el sol, sin falta le devolverás la prenda para que se acueste con su ropa, y te bendiga; y te será justicia delante del SEÑOR tu Dios. No oprimirás al jornalero pobre y necesitado, ya sea uno de tus conciudadanos o uno de los extranjeros que habita en tu tierra y en tus ciudades. En su día le darás su jornal antes de la puesta del sol, porque es pobre y ha puesto su corazón en él; para que él no clame contra ti al SEÑOR, y llegue a ser pecado en ti. (Deuteronomio 24:10-15)

Fíjate en los detalles. Primero, Dios le dice a la persona que está haciendo el préstamo que debe permanecer fuera de la casa del prestatario hasta que reciba su prenda, es decir, la garantía para asegurar el préstamo. Segundo, si el hombre al que se le está prestando es pobre, quien otorga el préstamo no debe quedarse con su prenda (presumiblemente su túnica), sino que debe devolverla antes del anochecer. Esto significa, por supuesto, que quien hace el préstamo quedará efectivamente sin garantía para el mismo. A medida que continúa el pasaje, también se establece el requisito de que los salarios de un trabajador contratado deben pagarse inmediatamente para que él pueda usar el dinero para sus necesidades. En otros lugares, encontramos más instrucciones relacionadas con un vecino pobre:

> En caso de que un hermano tuyo empobrezca y sus medios para contigo decaigan, tú lo sustentarás como a un extranjero o peregrino, para que viva contigo. No tomes interés y usura de él, pero teme a tu Dios, para que tu hermano viva contigo. No le darás tu dinero a interés, ni tus víveres con ganancia. Yo soy el SEÑOR su Dios, que los saqué de la tierra de Egipto para darles la tierra de Canaán y para ser su Dios. Si un hermano tuyo llega a ser tan pobre para contigo que se vende a ti, no lo someterás a trabajo de esclavo. (Levítico 25:35-39)

Nuevamente, fíjate en los detalles. Primero, los mandamientos son imperativos: *debes hacerlo*—no *puedes* o *deberías*. Segundo, aunque el interés usurero a veces puede ser apropiado (Deuteronomio 23:20; Lucas 19:23), era incorrecto cobrarlo a un pobre entre los israelitas. Se le debía *sostener*—no había un requisito para enriquecerlo. Puedes *prestarle* a esta persona, pero no con interés. Incluso si se vendiera a otro israelita para servicio por deudas, no debía ser tratado como esclavo. El pueblo de Israel no debía enriquecerse a costa de la desesperación de un compatriota.[3]

---

3. Observa que la obligación solo era ayudar a una persona pobre con las necesidades básicas. No existía una obligación moral de prestar dinero sin interés a la persona pobre para una inversión en bienes raíces, negocios u otro propósito.

Es importante recordar que estas instrucciones particulares eran para el pueblo de Israel y se referían a sus relaciones internas con sus propios compatriotas. Sin embargo, mi sensación es que los principios generales de amor y de brindar ayuda personal cuando un vecino está en apuros deben aplicarse también a nuestra conducta.

Amor

Jesús les dijo a sus seguidores que imitaran el carácter de Dios, no solo la letra de la ley. Por ejemplo, aunque no es injusto hacer un préstamo con la expectativa de un pago posterior, e incluso en algunas circunstancias recibir interés por ello, Jesús dijo: "Pero a ustedes los que oyen, les digo: amen a sus enemigos; hagan bien a los que los aborrecen; bendigan a los que los maldicen; oren por los que los insultan ... amen a sus enemigos, y hagan bien, y presten no esperando nada a cambio, y su recompensa será grande, y serán hijos del Altísimo; porque Él es bondadoso para con los ingratos y perversos. Sean ustedes misericordiosos, así como su Padre es misericordioso" (Lucas 6:27-28, 35-36).

Un acto forzado no se hace por amor. Cuando mostramos amor, esta es una forma en que reflejamos la imagen de Dios ("Dios es amor," 1 Juan 4:8), en la cual fuimos creados (Génesis 1:26-27). Cuando Jesús fue preguntado cuál era el mandamiento más grande, Él respondió:

"AMARÁS AL SEÑOR TU DIOS CON TODO TU CORAZÓN, Y CON TODA TU ALMA, Y CON TODA TU MENTE. Este es el grande y primer mandamiento. Y el segundo es semejante a este: AMARÁS A TU PRÓJIMO COMO A TI MISMO. De estos dos mandamientos dependen toda la ley y los profetas". (Mateo 22:37-40)

Isaías 58:6-7, discutido en el Capítulo 4, presenta el compartir voluntario con los necesitados, los hambrientos y los sin hogar como una directiva espiritual. El pasaje continúa prometiendo que el que lo haga recibirá su recompensa del Señor: "Entonces tu luz despuntará como la aurora, y tu recuperación brotará con rapidez. Delante de ti irá tu justicia; y la gloria del SEÑOR será tu retaguardia" (Isaías 58:8).

El amor es una de las señales de una persona que sigue a Jesús (Juan 13:35; 1 Juan 2:5). Santiago señaló que el amor es más que un sentimiento; el mundo solo lo ve a través de nuestras acciones:

> Si un hermano o una hermana no tienen ropa y carecen del sustento diario, y uno de ustedes les dice: "Vayan en paz, caliéntense y sáciense", pero no les dan lo necesario para su cuerpo, ¿de qué sirve? Así también la fe por sí misma, si no tiene obras, está muerta. (Santiago 2:15-17)

¿No significa el amor que debemos aceptar el socialismo?

"Espera," podría decir alguien, "Si Jesús realmente dijo dar libremente a los extraños necesitados, sin esperar nada a cambio, ¿cómo es posible que alguno de Sus seguidores se oponga al socialismo? ¿Por qué un cristiano no estaría dispuesto a contribuir en un sistema diseñado para cuidar a las personas más necesitadas?"

Para responder a estas preguntas, considera lo que Juan podría haber dicho, pero no dijo: "Si ves a un hombre que tiene dos túnicas y a otro que no tiene ninguna, ve y arrebátale una túnica al hombre que tiene dos y dásela al que no tiene ninguna." ¡Él no dijo eso! Tampoco dijo: "Si ves a un hombre que tiene veinte túnicas y a otro que solo tiene tres, ve y quítale diez al hombre que tiene veinte, y da siete al que solo tiene tres, quedándote con tres túnicas para ti y tus compañeros burócratas del gobierno."

El ejemplo de Juan se refiere a un hombre con dos túnicas, y otro con ninguna, lo que significa que está desnudo y en una situación realmente desesperada. La preocupación de Juan no era por la igualdad matemática en toda la sociedad, sino por la verdadera necesidad en una situación individual. Cuando tú o yo nos encontramos con una persona expuesta a la vergüenza, a los elementos y al riesgo de morir de hambre, debemos ayudar personalmente a esa persona si es posible. ¿Hasta dónde debe extenderse tal bondad? "Si tu enemigo tiene hambre, dale de comer pan, y si tiene sed, dale a beber agua" (Proverbios 25:21; cf. Romanos 12:20). En otras palabras, incluso tu enemigo debe recibir tu ayuda personal cuando necesite asistencia vital.

Recuerda, del Capítulo 2, que la justicia es un derecho de todos. Un problema fundamental del socialismo es que busca abordar una situación a través de la compulsión y la agencia del gobierno, algo que la Biblia dice que debe ser tratado voluntariamente por el individuo, en amor.

El socialismo usa a los pobres

Imagina un mundo en el que el gobierno grava a algunas personas para apoyar a otras de menores ingresos. Se establece toda una estructura, con múltiples agencias, cientos de miles de empleados, contratistas y proveedores, para 'ayudar'. Miles de millones de dólares fluyen a través de este sistema cada año. Los políticos se eligen y se re-eligen con el apoyo a este sistema, su financiación continua y su crecimiento perpetuo. Ahora, piensa en aquellos cuyos problemas son la razón y *justificación* de toda esta estructura y actividad. ¿Supone que el sistema realmente trabajará para que estas personas se levanten por sí mismas? Piensa de nuevo.

Mi primo político, 'David,'[4] consiguió un trabajo en los servicios sociales del estado de Florida. Un joven emprendedor, y un hombre cristiano con un gran corazón por las personas, se le asignó una carga de casos de 225 familias en el área de Tampa. Comenzó su trabajo con verdadero entusiasmo; realmente quería ayudar a romper el ciclo de la dependencia a largo plazo.

David guió a los jóvenes en el proceso de preparar un currículum, les enseñó cómo manejar una entrevista de trabajo y vestirse apropiadamente para ella. Logró que los bancos locales se involucraran. Organizó ferias de empleo. Realizó actividades extracurriculares, tutorías y talleres enfo-

---

4. He cambiado el nombre ya que mi familiar está preocupado por represalias.

en habilidades de vida, habilidades blandas, empleabilidad, habilidades informáticas, educación financiera y preparación universitaria. Y los resultados comenzaron a llegar. Muchas personas salieron de la vivienda pública, abrieron cuentas bancarias, compraron su primer auto, consiguieron trabajos o fueron a la universidad. Ex-delincuentes regresaron a la fuerza laboral. Un joven se convirtió en valedictorian y obtuvo una beca universitaria de $70,000. Al ver esto, muchos otros chicos empezaron a aplicarse más en la escuela. La violencia en la comunidad disminuyó drásticamente; ¡la gente estaba demasiado ocupada para meterse en problemas! La policía se volvió más positiva.

Al final, David ayudó a unas 135-140 personas a salir de la asistencia gubernamental, mientras daban sus primeros pasos hacia una vida de libertad y oportunidades.

Había sido una lucha cuesta arriba. Los programas socialistas de asistencia de vivienda que administraba incluían tres tipos de viviendas: basadas en los ingresos, de bajo ingreso y de cero ingresos. Los tres contenían fuertes incentivos para mantener a las familias rotas y disfuncionales, lo que hacía más probable que los niños fueran privados de las ventajas bien documentadas de un hogar con dos padres, y por lo tanto más probable que permanecieran atrapados en el sistema cuando fueran adultos. Las reglas del programa daban la máxima importancia a *mantener al hombre fuera de la casa*. Su agencia tenía que asegurarse de que los ocupantes no recibieran ayuda del padre del bebé, ni que ellos le dieran ayuda al padre. El padre de los niños no podía quedarse en la vivienda, no podía recibir correo allí, ni estar listado en la dirección.

El sistema también estaba diseñado para desincentivar el empleo. Si alguien en el hogar conseguía un trabajo, la agencia *inmediatamente* reduciría la asistencia en efectivo de acuerdo con la cantidad que ahora se ganaba. Entonces, los miembros del hogar se quedaban con dos opciones: o trabajar mucho, lidiando con todos los dolores de cabeza de trabajar muchas horas, o simplemente hacer lo que quisieran durante el día y seguir recibiendo la misma cantidad de dinero. ¿Cuál era el sentido de trabajar? Mientras mejor lo hicieras, más te penalizaban. El sistema, tal como estaba diseñado, hacía que pareciera que solo un tonto elegiría trabajar. David tuvo que poner mucho esfuerzo en orientar y motivar a estos jóvenes, persuadiéndolos de que realmente valdría la pena a largo plazo romper con el sistema. Pero no fue nada fácil.

El número de dólares federales que recibía esta agencia dependía de cuántas familias tenían en viviendas de bajo ingreso. Los supervisores de David querían una lista de espera muy llena para las viviendas. Mientras tuvieran esa lista de espera, los supervisores estaban contentos. Cada mes, entregaban informes detallando empleo, educación, servicio comunitario, actividades extracurriculares, y más. Si alguien conseguía trabajo, se empleaba por primera vez, regresaba a la escuela o conseguía un GED[5], armaban un informe. Al principio, estos éxitos traían más dinero del gobierno, y por

---

5. Un GED en los Estados Unidos es un sustituto del diploma de secun-

eso sus supervisores estaban contentos, pero luego las personas empezaron a conseguir empleos y mudarse fuera de la vivienda asistida, y ellos se enojaron. Lo llamaron a su oficina y le dijeron: "Eres joven y quieres marcar la diferencia. Pero con el tiempo aprenderás que se gana mucho dinero con los pobres. Así que cálmate."

Cuando la estación de televisión local se enteró de lo que estaba sucediendo en la comunidad, los directores de David querían ser los entrevistados, pero el equipo de noticias solo quería hablar con él. Sin embargo, incluso ellos llegaron a entender las implicaciones políticas de la historia; se lo dijeron abiertamente y omitieron la mayoría de los detalles cuando la historia salió al aire.

Podrías pensar que su desempeño fue un caso de éxito, ¡y lo fue! Pero así no lo vio su supervisora. La llamó a su oficina, reconoció su buen trabajo, pero luego su rostro se puso serio y le dijo: "Tienes una mentalidad de lucro trabajando para una organización sin fines de lucro. Si no te detienes, te vas a quedar sin trabajo." Él se quedó atónito.

Inició su propio programa "Adopta una familia" para ayudar a los niños y sus padres. En ese momento, alguien incluso le dijo que era una amenaza para la seguridad nacional. La mujer que encabezaba el consejo vecinal le dijo: "Necesitamos a los de abajo." Continuó: "Si demuestras que esto se puede hacer, entonces la economía de goteo se detendrá porque esto se va a extender por todo el país."

---

daria. Se puede obtener por alguien que no haya terminado la escuela secundaria, tomando cuatro exámenes de equivalencia de secundaria.

Los supervisores de David comenzaron a solicitar que todo lo que hiciera fuera filtrado a través de ellos; querían que les enviara copias de toda su comunicación. Cuando un subsidio terminó y comenzó otro, de alguna manera lo mantuvieron en el mismo puesto y le siguieron pagando, aunque no lo incluyeron en el nuevo subsidio. Se dio cuenta de que lo pasaban por alto para ascender, y percibió una creciente hostilidad de sus superiores. Hasta entonces, había creído que el sistema estaba allí para ayudar a los pobres. Ahora, se dio cuenta de que estaba allí para mantenerlos atrapados para siempre, acumulando dinero y poder para quienes dirigían el sistema. Agobiado y triste, pronto presentó su renuncia y buscó otro trabajo.

Porque el socialismo se justifica a través de la existencia de personas que necesitan ayuda constante del gobierno, los socialistas inevitablemente construyen estructuras gubernamentales que penalizan la autosuficiencia y levantan barreras que impiden que las personas escapen. Los socialistas también a menudo se hacen cargo de programas e iniciativas que resultan en la creación de nuevos 'clientes' para sus servicios. El reciente impulso para realizar cirugías irreversibles de cambio de sexo a menores, procedimientos que pondrán a estos preciosos jóvenes, con toda su vida por delante, a requerir atención médica costosa y asistencia gubernamental durante muchos años, es uno de muchos ejemplos de cómo los socialistas construyen su reino sobre los cuerpos de los débiles y vulnerables.

Observa que un sistema de gravar a los ricos para proveer a los pobres podría haber existido en el antiguo Israel; Dios fácilmente podría haberlo ordenado a través de Sus profetas. Si tal arreglo fuera justo, seguramente Él lo *habría* mandado. Pero no lo hizo. Más bien, les dijo a las personas cuál debía ser su postura individual ante los pobres. Les informó sobre su deber *personal* de amar a su prójimo compartiendo su propio pan y ropa directamente con aquellos en necesidad desesperada. Y hay una sabiduría tan profunda en esta forma de ayudar, en lugar del 'socialismo democrático'. Observa que cuando tú o yo voluntariamente metemos la mano en nuestro bolsillo para ayudar a un vecino necesitado, no tenemos ninguna razón para perpetuar los problemas de ese vecino. Por el contrario, tenemos el incentivo opuesto: queremos ver a ese vecino volver a una situación más estable lo antes posible.

Resumen del capítulo

Juan el Bautista dijo que el que tiene dos túnicas debe compartir una con la persona que no tiene ninguna. Una persona sin siquiera lo más básico, como una prenda de vestir, está en una necesidad desesperada y también expuesta a la vergüenza pública. Elegir ayudar a una persona que encontramos en una necesidad desesperada o en peligro inmediato, cuando tenemos los medios para hacerlo, es parte de nuestra obligación con Dios, quien nos hizo a ti y a mí y nos provee cada día. Seguir la exhortación de Juan no requiere que aprobemos el socialismo, ni siquiera el socialismo calificaría como un cumplimiento de la instrucción de Juan.

11

LOS BORDES DEL CAMPO

Hasta ahora en este libro, hemos visto muchas disposiciones morales para las personas necesitadas. Se nos ha recordado que Dios nos exige hacer justicia y también amar la misericordia. Hemos revisado ejemplos de personas adineradas como Job, que fueron buenos mayordomos de sus posesiones materiales. Hemos visto a los creyentes cristianos en el libro de los Hechos, quienes, por un tiempo, compartieron todo de manera voluntaria por el bien del ministerio y en cuidado mutuo. Hemos aprendido que Juan el Bautista instó a aquellos de sus oyentes que tenían una prenda extra a compartirla con el que no tenía ninguna.

Como siempre, los caminos de Dios—que en todos estos casos ponen la carga moral sobre el individuo—son mejores y más sabios que los recomendados por muchos asesores humanos. En este capítulo, dirigimos nuestra atención a un conjunto especial de instrucciones que Dios dio a Israel como otra forma de allanar el camino para que los pobres pudieran salir adelante y levantarse. Entre los mandamientos de Dios a Israel, mientras se preparaban para entrar a la Tierra Prometida después de que Dios los librara de la esclavitud en Egipto, hay uno que ponía la responsabilidad sobre los propietarios privados de tierras:

> "Cuando siegues la cosecha de tu tierra, no segarás hasta los últimos rincones de tu campo, ni espigarás el sobrante de tu cosecha. Tampoco rebuscarás tu viña, ni recogerás el fruto caído de tu viña; lo dejarás para el pobre y para el extranjero. Yo soy el SEÑOR su Dios". (Levítico 19:9-10; cf. 23:22)

De la tierra que Él les estaba dando para que poseyeran y cultivaran, Dios les dijo a Su pueblo que no recogieran las espigas—los últimos pedazos o racimos de fruta, que se escaparon en la primera cosecha, o la fruta que cayó al suelo —y que dejaran los bordes de sus campos sin cosechar.[1] En un mandamiento relacionado, Dios les dijo a los israelitas que dejaran su tierra cultivada en barbecho cada séptimo año, "para que coman los pobres de tu pueblo, y de lo que ellos dejen, coman los animales del campo. Lo mismo harás con tu viña y con tu olivar" (Éxodo 23:11). Estos frutos debían ser dejados para los necesitados y el extranjero, y luego para

---

1.   Los rabinos razonaron que la cantidad que se debía dejar debería ser una sexagésima parte de la producción total de un campo o viñedo. Matthew Henry, *Matthew Henry's Commentary On the Whole Bible*, (Hendrickson Publishers, 1991). I. 407.

las bestias del campo, quienes podían venir a recoger lo que necesitaban.

¿Qué podría significar hoy dejar los bordes del campo sin cosechar? Tal vez solo significaría que, si eres agricultor, deberías dejar los bordes sin cortar para aquellos que puedan estar necesitados. Pero siento que hay un principio que puede extenderse más allá de la agricultura. Para ver el principio, observemos la naturaleza de lo que está ocurriendo en esta situación. Primero, estamos hablando de un campo cultivado—un campo que presumiblemente ha sido arado y sembrado por el dueño de la tierra. En otras palabras, el dueño ha añadido su propio trabajo y recursos en los frutos que la tierra ahora está produciendo.

Sin embargo, observa que no se espera que el dueño de la tierra coseche ni entregue la producción; queda a la persona necesitada el venir a recogerla. Considera la sabiduría de este arreglo: Una persona verdaderamente necesitada no pasará hambre, ya que podrá ir a cualquier lugar de la tierra durante la época de la cosecha y recoger fruta o grano. Sin embargo, el sistema incluye un poco de incomodidad social, ya que los vecinos podrán ver quiénes son los pobres—y aunque la sociedad tendrá compasión por aquellos, como Rut y Noemí, que han caído en circunstancias difíciles e imprevistas, será humillante para una persona con buena salud buscar sustento de esta manera durante un período prolongado. Así, el sistema desalentará la pereza.

Finalmente, la producción no pasa por las manos de ningún gobernante ni funcionario del gobierno. Se deja a la persona necesitada ir personalmente a recoger—y al dueño de la tierra, personalmente, dejar la producción en los campos y permitir que los recolectores la tomen. Así, las relaciones sociales se fortalecen mientras cada uno cumple su parte.

Misericordia, no condescendencia

Un detalle del mandamiento de dejar los bordes del campo sin cosechar que me llama la atención es la naturaleza participativa de la ayuda extendida. Dios no nos trata como si fuéramos un producto o una mercancía, ni nos pide que actuemos como si nuestros vecinos fueran niños a quienes hay que atender día y noche o consentir como reyes. Todos somos personas de valor, hechas a imagen de Dios, que necesitamos ayuda, pero que también merecemos ser tratados como individuos.

Al amar a nuestro prójimo, honramos a su Creador. Aunque no miramos a nuestros vecinos desde una posición de superioridad, somos, en conjunto, hijos de Dios, y cuando alguien es amable con un niño, le trae alegría al padre que ama a ese niño.

¿Cómo se ve amar a los demás como a nosotros mismos cuando se trata de las necesidades básicas de la vida? Recordemos de los Diez Mandamientos que le debemos a los demás no codiciar, robar, matar, cometer adulterio, ni robar su buen nombre mediante falso testimonio, y le debemos honor a nuestros padres. En el siguiente capítulo, discutiremos la parábola del buen samaritano, que hizo un esfuerzo adicional para mostrar una amabilidad desbordante a un extraño necesitado. La mayoría de los mandamientos no implican *hacer algo*, sino más bien *abstenerse de hacer algo que pueda dañar a otro*. En el caso de los bordes del campo, tenemos una mezcla de acción (sembrar y cultivar), y restricción (dejar una parte sin cosechar y no impedir que otros recojan).

El enfoque de este libro es, por supuesto, discernir lo que la Biblia dice acerca de lo que es correcto en las políticas públicas que pretenden satisfacer las necesidades materiales de las personas pobres. En el fondo, siempre debemos recordar que la preocupación de Dios, por encima de todas nuestras necesidades materiales, es nuestra seguridad eterna. Recuerden que Jesús preguntó: "¿qué provecho obtendrá un hombre si gana el mundo entero, pero pierde su alma? O ¿qué dará un hombre a cambio de su alma?" (Mateo 16:26; cf. Marcos 8:36 y Lucas 9:25). Las consecuencias eternas del pecado, si no se expían, son graves; esta vida y sus preocupaciones no son más que un suspiro en comparación con la eternidad. Los animo nuevamente a asegurarse de que sus pecados sean perdonados (véase el Capítulo 3), y a hablar de estas cosas con sus hijos, amigos y seres queridos (Deuteronomio 11:19).

Finalmente, al buscar buenas políticas públicas relacionadas con los necesitados, formulemos nuestras leyes de tal manera que no perjudique a nadie, pero sin olvidar que Dios es su Proveedor, así como lo es el nuestro. "Él hace justicia al huérfano y a la viuda, y muestra Su amor al extranjero dándole pan y vestido" (Deuteronomio 10:18).

Resumen del capítulo

Mientras Dios llevaba a Israel hacia la Tierra Prometida, les dio los Diez Mandamientos y varios mandamientos derivados. La instrucción de Dios de que los propietarios de tierras dejaran los bordes de sus campos sin cosechar para que los necesitados y los extranjeros pudieran recolectar sustento ofrecía una manera en que los propietarios de tierras pudieran amar a Dios y a sus vecinos sin tener que quebrantar ninguno de los otros mandamientos, como los que prohíben el robo y la codicia. El mandamiento de Dios no obligaba a los propietarios a cosechar el grano ni a preparar comida para los pobres, aunque ciertamente podrían hacerlo si lo deseaban. Más bien, los necesitados tomarían la iniciativa y recogerían lo que necesitaban; al propietario solo se le dijo que lo dejara para ellos.

12

NO OPRIMIRÁS A UN EXTRANJERO

"AMARÁS AL SEÑOR TU DIOS CON TODO TU CORAZÓN, Y CON TODA TU ALMA, Y CON TODA TU FUERZA, Y CON TODA TU MENTE, Y A TU PRÓJIMO COMO A TI MISMO." (Lucas 10:27)

Cada uno de nosotros debe amar a nuestro prójimo. Este mandato no es solo para los judíos ni siquiera solo para los cristianos; aunque el mandamiento fue dado a Israel (Deuteronomio 6 y Levítico 19:18), Jesús lo dijo una y otra vez: "El que tiene oídos, que oiga" (Mateo 11:15; Marcos 4:23 y 7:16; Lucas 8:8 y 14:35), y como anunció Pablo en Hechos 13:47 (citando Isaías 42:6), "TE HE PUESTO COMO LUZ PARA LOS GENTILES, A FIN DE QUE LLEVES LA SALVACIÓN HASTA LOS CONFINES DE LA TIERRA". Dios, quien hizo todo, está hablando a todos los que Él hizo. Eso te incluye a ti, incluye a tus vecinos, e incluye a personas del otro lado del mundo y a través de los siglos que nunca conocerás.

Un abogado le preguntó a Jesús: "¿Y quién es mi prójimo?" Jesús respondió:

"Cierto hombre bajaba de Jerusalén a Jericó, y cayó en manos de salteadores, los cuales después de despojarlo y de darle golpes, se fueron, dejándolo medio muerto. Por casualidad cierto sacerdote bajaba por aquel camino, y cuando lo vio, pasó por el otro lado del camino. Del mismo modo, también un levita, cuando llegó al lugar y lo vio, pasó por el otro lado del camino.Pero cierto samaritano, que iba de viaje, llegó adonde él estaba; y cuando lo vio, tuvo compasión. Acercándose, le vendó sus heridas, derramando aceite y vino sobre ellas; y poniéndolo sobre su propia cabalgadura, lo llevó a un mesón y lo cuidó. Al día siguiente, sacando dos denarios se los dio al mesonero, y dijo: 'Cuídelo, y todo lo demás que gaste, cuando yo regrese se lo pagaré'. ¿Cuál de estos tres piensas tú que demostró ser prójimo del que cayó en manos de los salteadores?". El intérprete de la ley respondió: "El que tuvo misericordia de él". "Ve y haz tú lo mismo", le dijo Jesús. (Lucas 10:30-37)

Las personas que han leído la Biblia o han asistido a una iglesia que enseña la Biblia durante mucho tiempo encontrarán este pasaje muy familiar. Jesús situó la historia en Israel. Se presume que el viajero que fue atacado y golpeado era judío, y los dos primeros que pasaron por allí eran líderes religiosos judíos—sus propios compatriotas y los 'vecinos' más obvios que deberían haberlo ayudado. El tercer hombre, el que realmente lo ayudó, era un samaritano—un hombre de un territorio vecino cuyo pueblo odiaba a los judíos y con el que se sentían mutuamente despreciados. Sin embargo, fue este hombre, y no los líderes religiosos compatriotas, quien ayudó a la víctima. Y el acto bondadoso de ese hombre fue la respuesta de Jesús a la pregunta del abogado: "¿Y quién es mi prójimo?"

La historia demuestra, entre otras cosas, que el ser humano más distante—ya sea por genética, cultura o patria—sigue siendo nuestro prójimo si lo encontramos. Y dado que todo ser humano lleva la imagen de Dios, la obligación moral de ayudar a alguien cuya vida esté en peligro inmediato—como ocurrió con el hombre que fue golpeado hasta el punto de la muerte y dejado al borde del camino—no termina con nuestros compatriotas. Cuando encuentras a alguien en ese tipo de necesidad, tienes un deber moral individual.

En otra ocasión, Jesús dio un vistazo al futuro juicio de aquellos que no cuidan del extranjero:

"Cuando el Hijo del Hombre venga en Su gloria, y todos los ángeles con Él, entonces Él se sentará en el trono de Su gloria; y serán reunidas delante de Él todas las naciones; y separará a unos de otros, como el pastor separa las ovejas de los cabritos. Y pondrá las ovejas a Su derecha y los cabritos a la izquierda. Entonces el Rey dirá a los de Su derecha: 'Vengan, benditos de Mi Padre, hereden el reino preparado para ustedes desde la fundación del mundo. Porque tuve hambre, y ustedes me dieron de comer; tuve sed, y me dieron de beber; fui extranjero, y me recibieron; estaba desnudo, y me vistieron; enfermo, y me visitaron; en la cárcel, y vinieron a Mí'. Entonces los justos le responderán, diciendo: 'Señor, ¿cuándo te vimos hambriento y te dimos de comer, o sediento y te dimos de beber? ¿Y cuándo te vimos como extranjero y te recibimos, o desnudo y te vestimos? ¿Cuándo te vimos enfermo o en la cárcel y vinimos a Ti?'. El Rey les responderá: 'En verdad les digo que en cuanto lo hicieron a uno de estos hermanos Míos, aun a los más pequeños, a Mí lo hicieron'. Entonces dirá también a los de Su izquierda: 'Apártense de Mí, malditos, al fuego eterno que ha sido preparado para el diablo y sus ángeles. Porque tuve hambre, y ustedes no me dieron de comer; tuve sed, y no me dieron de beber; fui extranjero, y no me recibieron; estaba desnudo, y no me vistieron; enfermo, y en la cárcel, y no me visitaron'. Entonces ellos también responderán: 'Señor, ¿cuándo te vimos hambriento o sediento, o como extranjero, o desnudo, o enfermo, o en la cárcel, y no te servimos?'. Él entonces les responderá: 'En verdad les digo que en cuanto ustedes no lo hicieron a uno de los más pequeños de estos, tampoco a Mí lo hicieron'. Estos irán al castigo eterno, pero los justos a la vida eterna". (Mateo 25:31-46)

Sería incorrecto concluir que la salvación depende de nuestras obras—no es así ("por las obras de la ley ningún ser humano será justificado delante de Él," Romanos 3:20). Pero observemos el énfasis en la responsabilidad individual. El que debe vestir al desnudo, invitar al extraño, visitar al prisionero, alimentar al hambriento y dar de beber al sediento no es el gobierno. Somos tú y yo.

¿Es el socialismo una actitud de buen vecino?

Estos pasajes, entonces, enfatizan la responsabilidad moral individual. El buen samaritano hizo lo correcto. Pero, ¿hay *algo* en estos pasajes que recomiende un sistema socialista de atención médica, vivienda o servicios sociales? Creo que la respuesta es 'no'. La acción correcta del buen samaritano fue que *se* detuvo para evitar un peligro inmediato, *ayudó* a la víctima, sacó de *su propio* bolsillo y dedicó tiempo para ver que su prójimo—quien, según su etnia y costumbre local, no debería haber sido importante para él—fuera cuidado. Incluso en la posada, no exigió que otro asumiera los gastos, sino que prometió regresar y cubrir los costos él mismo.

Jesús respondía a una pregunta, y no era '¿Quién es mejor, el equipo de Israel o el de Samaria?'. Jesús era judío— igual que todos sus discípulos—y amaba al pueblo judío. Pero estaba enseñando cómo deberían pensar acerca del mundo, y particularmente sobre el significado completo del mandamiento de Dios de "amar a tu prójimo como a ti mismo", mostrado al inicio de este capítulo. ¿Significa "amar a tu prójimo" excusar la ilegalidad o la acción inmoral? Algunas personas (en mi opinión) malinterpretan el mandamiento de Dios de no oprimir al extranjero para significar que un extranjero debe ser excusado de las consecuencias de hacer el mal. Sin embargo, la Biblia es clara en que todos deben estar sujetos a las autoridades gubernamentales (Romanos 13:1), por lo que debemos concluir que el mandamiento de no oprimir al extranjero no requiere que tratemos al extranjero como si estuviera por encima de la ley.

Si te encuentras con alguien en riesgo de morir de hambre o en peligro médico, debes ayudarle—pero no tienes la obligación de facilitar la ilegalidad. Jesús no les dice a las personas que violen las leyes ni que cometan robo. Más bien, Él dice, "Vete; y desde ahora no peques más" (Juan 8:11). Algunas personas esencialmente dicen lo contrario—'Ve y peca un poco más'—y eso es incorrecto.

En el Capítulo 4, discutimos a los pobres. El extranjero o forastero, estando en una situación similarmente vulnerable, se menciona en muchos de los mismos versículos. Varios de estos versículos le dicen a Israel que no oprima al extranjero porque ellos también han estado en tal situación. Por ejemplo, "No oprimirás al extranjero, porque ustedes conocen los sentimientos del extranjero, ya que ustedes también fueron extranjeros en la tierra de Egipto" (Éxodo 23:9; cf. 22:21; Deuteronomio 10:18-19). El pueblo de Israel fue extranjero en Egipto. ¿Qué salió mal para ellos? Comencemos con José. Se le negó justicia y fue encarcelado injustamente por un crimen que no cometió (Génesis 39:6-20). Y más tarde, cuando surgió un faraón que no conocía a José, el pueblo fue desviado de la justicia y literalmente esclavizado por los egipcios. Eso fue tratar mal a los extranjeros. Otros versículos sobre este tema incluyen Jeremías 22:3 y Malaquías 3:5.

Así que podemos concluir que no oprimir al extranjero incluye no encarcelarlo injustamente, no esclavizarlo, no robarle ni negarles justicia. Muchos otros versículos continúan este tema. Por ejemplo, "Las gentes de la tierra han hecho violencia y cometido robo, han oprimido al pobre y al necesitado y han maltratado injustamente al extranjero"

(Ezequiel 22:29; cf. Deuteronomio 24:14; 27:19, "Maldito el que pervierta el derecho del extranjero"; Levítico 19:33, "Cuando un extranjero resida con ustedes en su tierra, no lo maltratarán"). Observa que en todos estos casos, Dios no está diciendo que la ley debe ser suspendida para el extranjero o forastero, sino que no debe ser tratado injustamente.

La protección igualitaria de las leyes va acompañada de una igual responsabilidad (Levítico 24:16; cf. 20:2; Números 15:16 y Levítico 18:26). El mismo principio se encuentra en otros lugares (por ejemplo, Éxodo 12:48). Dios promete bendiciones a aquellos que mantienen tal justicia y siguen a Dios (Jeremías 7:5-7).

Hasta aquí hemos hablado de principios—especialmente de la justicia—que se aplican tanto a individuos como a gobiernos. Como se discutió en el Capítulo 2, el compañero de la justicia es la misericordia o bondad, algo que es tarea de los individuos, no de los gobiernos. Por ejemplo, "Así ha dicho el Señor de los ejércitos: 'Juicio verdadero juzguen, y misericordia y compasión practiquen cada uno con su hermano. No opriman a la viuda, al huérfano, al extranjero ni al pobre, ni tramen el mal en sus corazones unos contra otros'" (Zacarías 7:9-10), y "No se olviden de mostrar hospitalidad, porque por ella algunos, sin saberlo, hospedaron ángeles" (Hebreos 13:2), y "El amor no hace mal al prójimo. Por tanto, el amor es el cumplimiento de la ley" (Romanos 13:10).

Finalmente, se nos recuerda que Dios vela por los extranjeros (Salmo 146:9; cf. Deuteronomio 10:18-19). Un hombre o una mujer sabios no buscarán hacer daño a aquellos a quienes Dios ama. Y nuestras obras deben traer gloria a Dios.

"Así brille la luz de ustedes delante de los hombres, para que vean sus buenas acciones y glorifiquen a su Padre que está en los cielos" (Mateo 5:16).

Resumen del capítulo

La preocupación de Dios por el extranjero y el forastero es similar a Su preocupación por el huérfano y la viuda. Él los protegerá (Salmo 146:9), pero también nos manda no oprimirlos. La respuesta a la situación vulnerable de un extranjero o forastero, sin embargo, no es un *doble* estándar, sino un estándar igual en cuanto a la justicia. Además, la persona que tenga interacción con tal individuo debe mostrarle bondad (*ḥeṣed*) también.

13

PESAS Y MEDIDAS JUSTAS

Tendrán balanzas justas y pesas justas, un efa justo y un hin justo. Yo soy el Señor su Dios que los saqué de la tierra de Egipto. (Levítico 19:36)

A hora llegamos al principio más básico de la justicia: el intercambio honesto. Ya hemos visto, en el Capítulo 9, que cumplir con los acuerdos contractuales entre las partes es lo correcto a los ojos de Dios. Este principio atraviesa todas las transacciones económicas, y como observaremos nuevamente en las siguientes páginas, la verdad es la base de la justicia.

Comprar y Vender en la Biblia

Los salarios, o el pago por el trabajo, son una especie de compra. Este tipo de transacción ya se ha discutido en los capítulos 7, 9 y 12. En esencia, los salarios no son diferentes de la compra o venta de propiedad; la única distinción es que la propiedad es *el residuo* del trabajo, mientras que los salarios se pagan por el trabajo en sí, cuyos frutos luego se asignan según el acuerdo existente entre el empleador y el empleado.

Desde el Génesis, existen registros de compras y ventas. Ciertamente, Job adquirió su gran riqueza mediante tratos comerciales justos (Job 1:3). Abraham compró un terreno donde enterrar a su esposa Sara (Génesis 23:3-16). Jacob compró el derecho de primogenitura de Esaú (Génesis 25:29-34). Siguiendo el consejo de José, el faraón almacenó grano durante los años de abundancia y lo vendió cuando la hambruna golpeó (Génesis 41:57), utilizando las ganancias para adquirir toda la tierra de Egipto (Génesis 47:20-22). Moisés ofreció comprar comida y agua si el rey Sihón dejaba pasar a los israelitas por su tierra (Deuteronomio 2:28). Comprar y vender no debía perjudicar a ninguna de las partes (Levítico 25:14).

Como rey, David compró una parcela de tierra para erigir un altar para ofrendas quemadas al Señor (2 Samuel 24:24). Booz negoció la posible venta de un terreno en nombre de Noemí (Rut 4:3). Jeremías compró un campo de su primo por un peso acordado de plata, y un contrato fue firmado y sellado ante testigos (Jeremías 32:9-10). Tener que pagar por el agua potable (una aflicción sufrida por muchos habitantes de las ciudades hasta el día de hoy) y por la leña fue una triste consecuencia del exilio de Israel a Babilonia (Lamentaciones 5:4).

Los sumos sacerdotes usaron las treinta piezas de plata dadas a Judas como pago por traicionar a Jesús—que él devolvió antes de ahorcarse—para comprar el Campo del Alfarero (Mateo 27:7). En una nota más alegre, una respuesta sabia a la perspectiva del cielo se compara con la de un hombre que encuentra un tesoro en un campo y luego vende todo lo que tiene para comprar ese campo, o con un comerciante que ve una perla de gran valor y luego vende todo lo que tiene para comprarla (Mateo 13:44-46).

Finalmente, Dios representa nuestra salvación como una compra que Él pagó en su totalidad: "Mas ahora, así dice el Señor tu Creador, oh Jacob, y el que te formó, oh Israel: No temas, porque Yo te he redimido" (Isaías 43:1). Su amable oferta se expresa en Isaías 1:18, "Aunque sus pecados sean como la grana, como la nieve serán emblanquecidos. Aunque sean rojos como el carmesí, como blanca lana quedarán." Lo mismo se menciona en Isaías 55:1, "Todos los sedientos, vengan a las aguas; y los que no tengan dinero, vengan, compren y coman. Vengan, compren vino y leche sin dinero y sin costo alguno," y, "no fueron redimidos de su vana manera de vivir heredada de sus padres con cosas perecederas como oro o plata, sino con sangre preciosa, como de un cordero sin tacha y sin mancha: la sangre de Cristo" (1 Pedro 1:18-19; cf. 1 Corintios 6:20, 7:23).

Estos ejemplos de transacciones de compra y venta en la Biblia muestran que las personas, desde los tiempos más antiguos, operaban bajo un entendimiento básico de la propiedad y su disposición justa, lo que en general se alinea con lo que Dios más tarde hizo explícito en los Diez Mandamientos y en otros lugares.

Dios Aborrece las Balanza Engañosas

Al igual que el requisito moral de que los trabajadores reciban el salario acordado por su trabajo, la justicia exige que la compra y venta de bienes y propiedades se ajusten a los términos acordados, y esos términos dependen de una representación verdadera de lo que se está transaccionando. Si un vendedor me dice que estoy comprando una libra de azúcar, pero me da solo doce onzas, me han engañado. De igual manera, si acuerdo pagar tres dólares, pero tomo el artículo después de pagar solo dos, el vendedor ha sido engañado. En ambos casos, una de las partes ha sido deshonesta con la otra.

Las pesas y medidas honestas en el comercio son fundamentales para la justicia a lo largo de la Biblia:

> No harán injusticia en los juicios, ni en las medidas de peso ni de capacidad. Tendrán balanzas justas y pesas justas, un efa justo (22 litros) y un hin justo (3.7 litros)[1] Yo soy el Señor su Dios que los saqué de la tierra de Egipto. (Leviticus 19:35-36)

Se encuentran declaraciones similares en Deuteronomio 25:13-16, donde mantener la justicia está vinculado a la recompensa de vivir mucho tiempo en la tierra que el Señor está dando, y en Proverbios 11:1, "La balanza falsa es abominación

---

1. El efa y el hin eran unidades de medida para el grano y el líquido, respectivamente.

al Señor, pero el peso cabal es Su deleite" (similar en 20:10 y 20:23). Proverbios 16:11 establece que los pesos utilizados en el comercio son una preocupación muy real para Dios.

Finalmente, los estándares honestos de medida en las interacciones humanas son la imagen de la justicia de Dios en el juicio de las personas. Job le pide a Dios que lo pese junto con su integridad en Job 31:6, y vemos un resultado menos favorable cuando Dios pesa al rey Belsasar y lo encuentra falto en Daniel 5:27. Los ladrones y estafadores se enumeran entre los que no heredarán el reino de Dios (1 Corintios 6:10; similar en 5:11).

Sin Sentido Sin Propiedad

A finales del siglo XIX y principios del siglo XX, un estafador llamado George C. Parker vendió repetidamente el Puente de Brooklyn y otros puntos de referencia de Nueva York a víctimas crédulas, en su mayoría inmigrantes recientes. Parker se hacía pasar por el propietario y usaba elementos como escrituras falsas que mostraban la propiedad y oficinas montadas para hacer que sus afirmaciones parecieran verídicas. El problema para las víctimas era que no había nada detrás de la afirmación de Parker de ser dueño de esas propiedades, y por lo tanto no tenía derecho a venderlas, y los compradores quedaron sin nada por el dinero que le pagaron.

Los estafadores han existido a lo largo de la historia. En los últimos años, las estafas por internet en las que un 'príncipe' nigeriano promete una gran recompensa por ayudar a transferir su dinero fuera del país, junto con muchas variaciones de este engaño, han atrapado a víctimas inocentes. El problema en todos estos casos es que no hay *verdad* en las afirmaciones y promesas del estafador.

Si llevamos este principio a los mandamientos de Dios de no robar ni codiciar (ver Capítulo 6), de pagar al trabajador su salario (Deuteronomio 24:15; Jeremías 22:13; Malaquías 3:5; Santiago 5:4), la afirmación de Pedro de que Ananías y Safira eran propietarios de su propiedad (ver Capítulo 8), e incluso el mandato de compartir con el necesitado (ver Capítulos 10 y 11), debemos reconocer que ninguno de estos mandamientos y declaraciones tendría sentido si no hubiera *verdad* detrás de la propiedad de las personas sobre sus bienes, es decir, sobre su trabajo y sus frutos.

Resumen del capítulo

La justicia en las relaciones económicas humanas se basa en la verdad. El amor de Dios por el comercio honesto y Su furia contra aquellos que engañan en sus transacciones se evidencia a lo largo de toda la Biblia. El comprador debe recibir el producto que ha adquirido, no menos, y el vendedor debe recibir el valor acordado por lo que vende. El sistema se basa en una premisa: tanto el comprador como el vendedor, el empleador y el empleado, *son propietarios* de su trabajo y de su propiedad. Sin tal afirmación, el comercio honesto carecería de fundamento. Dado que el socialismo niega cualquier derecho necesario sobre la propiedad, no se puede considerar justo.

14

EL AÑO DEL JUBILEO

Ahora llegamos a un arreglo particular que Dios decretó para Su pueblo Israel cuando entraron en la Tierra Prometida, para considerar qué, si es que tiene algún vínculo, podría tener esto sobre la cuestión que nos ocupa: la evaluación moral del socialismo.

En los años sabáticos y en el año del jubileo, detallados en Levítico 25, encontramos una hermosa imagen de la gracia de Dios. Vamos a mirar el pasaje para entenderlo, prestando atención a sus reglas sobre la propiedad y su disposición.

"Así consagrarán el quincuagésimo año y proclamarán libertad en la tierra para todos sus habitantes. Será de jubileo para ustedes, y cada uno de ustedes volverá a su posesión, y cada uno de ustedes volverá a su familia. Tendrán el quincuagésimo año como año de jubileo: no sembrarán, ni segarán lo que nazca espontáneamente, ni vendimiarán sus viñas que estén sin podar. Porque es jubileo, les será santo. De lo que produzca el campo, comerán. En este año de jubileo cada uno de ustedes volverá a su propia posesión. Asimismo, si venden algo a su prójimo, o compran algo de la mano de su prójimo, no se hagan mal uno a otro. Conforme al número de años después del jubileo, comprarás de tu prójimo, y él te venderá conforme al número de años de cosecha. Si son muchos los años, aumentarás su precio, y si son pocos los años, disminuirás su precio; porque *es* un número de cosechas lo que te está vendiendo. Así que no se hagan mal uno a otro, sino teman a su Dios; porque Yo soy el SEÑOR su Dios". (Levítico 25:10-17)

El Jubileo era un reinicio, programado de antemano para ocurrir cada cincuenta años, restaurando la tierra a sus propietarios originales después de que hubiera sido 'vendida' a otros durante el período intermedio. Dios estaba llevando a Israel a la tierra que les había prometido, entregándola como una *herencia eterna*.[1] Israel no estaba comprando la tierra; la estaba conquistando con la ayuda y la bendición de Dios después de haber sido sacada por Él de Egipto, "con mano fuerte y brazo extendido" (Deuteronomio 5:15 y muchos otros), con el propósito específico de tomar posesión de esta tierra. Parte del plan de Dios para Israel incluía la división de la tierra entre las doce tribus. En parte, para preservar estas

---

1. "Y te daré a ti, y a tu descendencia después de ti, la tierra de tus peregrinaciones, toda la tierra de Canaán como posesión perpetua. Y yo seré su Dios" (Génesis 17:8).

asignaciones ancestrales, Dios ordenó esta reversión periódica de la tierra a la familia a la que fue asignada originalmente por sorteo.

El Jubileo afirma la propiedad, con una advertencia. La tierra pertenecía a aquellos a quienes se les asignó primero. Pero, ¿puede realmente decirse que un hombre posee algo si no tiene la libertad de enajenarlo, es decir, de venderlo? De hecho, hoy en día tenemos ejemplos de este tipo de propiedad. Cuando una aerolínea, una franquicia deportiva o un lugar de conciertos vende boletos, el vendedor a menudo designa el boleto como 'no transferible', lo que significa que el comprador original tiene derecho a usar el boleto, pero no adquiere el derecho de venderlo o regalarlo a otra persona. Esta no transferibilidad generalmente sería respaldada por la ley porque esa limitación era parte del contrato original bajo el cual se vendió el boleto.

Dios destinó la Tierra Prometida a ser la herencia eterna de Israel. Para que este propósito fuera efectivo y duradero, la tierra necesitaba ser inalienable de las familias a las que se les asignó originalmente. Este fin es, creo, el propósito subyacente de la ley del Jubileo. Y no socava el principio de la propiedad privada, porque, después de todo, los propietarios a quienes se les asignó la tierra sí retenían un derecho sobre ella, sobre su uso y sobre sus frutos. Los frutos y demás productos de la tierra eran posesión de aquellos que la poseían o—como también notamos—de quienes la compraron por un período de tiempo hasta la llegada del próximo año de Jubileo.

Así que, repasemos y resumamos. Primero, la tierra se

restaura al propietario original, pero no la riqueza generada por ella durante el tiempo en que fue utilizada por quienes la compraron. Segundo, las instrucciones de Dios incluían el mandato repetido de no perjudicarse unos a otros. La tierra debía 'venderse' solo por el número restante de años hasta el Jubileo. Dado que estos detalles serían conocidos en el momento de la compra, el comprador sabría que estaba adquiriendo solo el uso temporal de la tierra, es decir, los cultivos que produciría durante ese período. Y, finalmente, el diseño de Dios establece que el vendedor es amigo del comprador. Aunque comprador y vendedor buscan maximizar sus propios intereses y beneficios, también están trabajando juntos, cada uno dando al otro algo de valor: el comprador da al vendedor una cantidad de dinero acordada o una porción de los cultivos, y el vendedor da al comprador el uso de la tierra por el período acordado.

Deudas perdonadas, esclavos liberados, la tierra descansa

Pero el año de Jubileo abarcaba mucho más que el simple retorno de la tierra. Si alguien tenía una deuda con otra persona, esa deuda debía ser perdonada al sonar la trompeta en el Día de la Expiación. Si alguien estaba en condición de servidumbre, él o ella quedaría libre en ese momento.[2] El

---

2. A veces, las personas se vendían a sí mismas o incluso a su familia para cumplir con una deuda que no tenían otra manera de pagar. La esclavitud referida también podría haber incluido a los cautivos de guerra. La esclavitud será discutida en el próximo capítulo, pero el sistema de esclavitud del que habla la Biblia no es el mismo que la esclavitud de bienes muebles que

Jubileo debía ser un año de libertad, un año de restaurar a las personas y hacerlas plenas, de levantar el pesado peso de la deuda, la vergüenza y la servidumbre de sus hombros.

El Jubileo señalaba a Jesús

No sabemos con qué consistencia se cumplió el Jubileo a lo largo de la historia de Israel, pero su peso teológico es inmenso de cualquier manera. El décimo día del séptimo mes, cuando debía sonar el cuerno de carnero y comenzar el Jubileo, era Yom Kipur, el Día de la Expiación.

Más de mil años después, cuando a Jesús le dieron el rollo en la sinagoga, como se relata en Lucas 4:16-21, Él encontró y leyó el pasaje que se refiere al Jubileo y al Ungido (el Mesías) que lo proclamaría: "El Espíritu del Señor Dios está sobre mí, porque me ha ungido el Señor para traer buenas nuevas a los afligidos; me ha enviado para vendar a los quebrantados de corazón, para proclamar libertad a los cautivos y liberación a los prisioneros; para proclamar el año favorable del Señor" (Isaías 61:1-2). Luego, devolvió el rollo al asistente y dijo a los presentes: "Hoy se ha cumplido esta Escritura que han oído".

Jesús se identificó así como el Mesías y asoció Su obra con el Jubileo: cuando las deudas son canceladas, los esclavos son liberados y aquellos a quienes Dios rescata regresan a la herencia que Él les dio. Hay mucho más que decir sobre este tema. El hecho de que no se realizara trabajo alguno durante

---

prevaleció en el sur de los Estados Unidos y en otras partes del mundo hasta el siglo XIX.

el Jubileo también era importante, a la luz de que extendía el Día de la Expiación—cuando se hace expiación *por ustedes* (Levítico 16:30)—y de que Jesús dijo: "Vengan a Mí, todos los que están cansados y cargados, y Yo los haré descansar" (Mateo 11:28). La segunda venida de Jesús será anunciada de manera similar, otra razón más por la que los teólogos reconocen que el Jubileo lo prefigura (1 Tesalonicenses 4:16; cf. 1 Corintios 15:52).

Resumen del capítulo

El año de Jubileo era un arreglo especial para Israel en la Tierra Prometida que preservaba la asignación de territorios entre las doce tribus de Israel. Los propietarios no tenían derecho a vender permanentemente su tierra a otros, solo a arrendarla por el número restante de años hasta el próximo Jubileo, momento en el cual todos los esclavos o sirvientes por contrato también debían ser liberados, y todas las deudas completamente canceladas. Dado que el Jubileo siempre podía preverse, las personas podían planificar en consecuencia. Por lo tanto, el Jubileo no está en desarmonía con la afirmación moral de la propiedad que hace la Biblia. Finalmente, el profundo significado del borrón y cuenta nueva era, al mismo tiempo, liberador para aquellos que de otro modo estarían sin esperanza, y también una conmovedora y poderosa sombra de la obra expiatoria de Jesús que aún estaba por venir.

15

ESCLAVITUD

U n esclavo involuntario es alguien obligado a trabajar para otro en contra de su voluntad, o cuyo trabajo y sus frutos son tomados por otros sin el consentimiento del trabajador. Hay algunas circunstancias en las que la ley y la costumbre permiten de manera justa dicha coerción y no la llaman esclavitud. Por ejemplo, nadie, excepto el niño que se queja, llama 'mandona' a la madre que lo obliga a lavar los platos antes de salir a jugar, y muchas jurisdicciones también permiten que aquellos debidamente condenados por delitos trabajen sin compensación como parte del castigo y la restitución a la sociedad. Pero, en general, la servidumbre forzada es esclavitud.

El llamado 'socialismo democrático' es la esclavitud de los contribuyentes. Bajo este sistema, los esclavistas son aquellos a quienes se redistribuyen los recursos o la propiedad, y los traficantes de esclavos son los políticos socialistas que eligen hacer el trabajo sucio de los esclavistas.

Jose estaciona su auto, un hermoso y bien cuidado Porsche Carrera, junto a la acera. Jose, un viudo, tiene 64 años. Carpintero desde la secundaria, ha sido un trabajador incansable y un administrador cuidadoso del dinero durante toda su vida. Tras la muerte de su esposa Maria a causa del cáncer hace varios años, decidió reducir sus gastos. Su único lujo es este auto, que terminó de pagar apenas el mes pasado.

—Bonito auto —dice Javier, apareciendo de la nada.

—Sí —coincide Malena, la novia de Javier, que está cerca.

—Yo no tengo un auto como ese —dice Javier—. Vamos a votar para ver si podemos quitarte este hermoso vehículo.

—Eh, no, gracias —responde Jose, retrocediendo.

Javier lo sujeta firmemente del hombro. —Tomaré eso como que tu voto es 'no,' viejo. Cariño, ¿cuál es el tuyo?

—Oh, sí, claro que sí —responde Malena, mirando el auto con interés.

—Bueno, mira eso —dice Javier—. Mi voto también es 'sí.' ¡El pueblo ha hablado! Ahora, entrega las llaves. —La firmeza del agarre de Javier se combina con una mirada helada, su nariz apenas a una pulgada de la de Jose. Una hoja brilla en su mano izquierda, de repente presionada justo debajo de las costillas de Jose. Jose levanta las llaves y las deja caer en la palma abierta de Malena.

Se realizó una votación, y dos tercios de los votantes estuvieron de acuerdo en que la propiedad de Jose debía ser redistribuida a Javier y Malena. Entonces, ¿cuál es el gran problema? Según los llamados 'socialistas democráticos,' ¡se hizo justicia!

Pero no fue así. Ese auto era propiedad de Jose. Era suyo porque lo compró con su propio dinero, el fruto de su trabajo. E incluso si su dinero le hubiera sido regalado, heredado o ganado mediante inversiones inteligentes, seguía siendo el resultado del trabajo. Al robárselo, Malena y Javier obligaron a Jose a la esclavitud, apropiándose de su labor sin su consentimiento, ya que él votó 'no.'

Bajo el socialismo democrático, las personas que codician la propiedad de otros usan el proceso democrático y las agencias del gobierno para robar lo que desean. Las elecciones otorgan un barniz de respetabilidad a la transacción, pero el proceso no altera su verdadera naturaleza. La redistribución de la riqueza en contra de la voluntad de quien la posee es servidumbre involuntaria, también conocida como esclavitud.

Servidumbre y justicia

La esclavitud ha adoptado diferentes formas a lo largo de los siglos e incluso hoy en día. La información más importante al hacer un juicio moral sobre la esclavitud se refiere a si el arreglo es forzado o voluntario. Mi propósito en este libro es presentar lo que dice la Biblia, no imponer mi propia preferencia. No somos más sabios que Dios. Nosotros, más bien, debemos buscar comprensión, con cuidado y humildad.

La esclavitud de bienes muebles, practicada comúnmente en muchas partes del mundo hasta finales del siglo XIX e incluso principios del siglo XX, fue alimentada por la captura de víctimas no voluntarias, su transporte bajo condiciones crueles y sucias para ser vendidas en tierras extranjeras, y la posterior servidumbre multigeneracional de aquellos capturados y sus descendientes. Fue un comercio aplastante y maligno.

Aunque la Biblia reconoce y hasta acepta la existencia de la esclavitud en alguna forma u otra,[1] no debemos apresurarnos a sacar conclusiones generales y no debemos asumir que la esclavitud mencionada en la Biblia es en todos los casos igual a la que conocemos por la historia reciente del mundo. Recordemos lo que ya hemos establecido en el Capítulo 2 sobre el amor de Dios por la justicia. Dios no mandaría a las personas a hacer injusticia, y nunca les mandaría a pecar de ninguna otra manera: "Que nadie diga cuando es tentado: 'Soy tentado por Dios'. Porque Dios no puede ser tentado por el mal y Él mismo no tienta a nadie" (Santiago 1:13). Así que sabemos que Dios no lleva a las personas al mal.

Partiendo de la comprensión de que Dios no lleva a nadie al mal, ahora nos dirigimos a Éxodo 21:2-11 y vemos de inmediato que es un pasaje difícil, porque en él Dios parece

---

1.   En Deuteronomio 20:11, Dios le dijo a Israel que todas las personas que se encontraran en una ciudad que aceptara la paz después de que Israel se acercara para luchar contra ella se convertirían en trabajo forzado y servirían a Israel. En otros lugares (Josué 16:10, 17:13; Jueces 1:30, 33, 35) aprendemos que algunos cananeos que no fueron expulsados completamente se convirtieron en trabajo forzado para Israel. Salomón forzó al menos a 30,000 israelitas a trabajar, con un mes de trabajo y dos meses libres, para construir el templo y otras estructuras (1 Reyes 4:6, 5:13-14, 9:15, 21). La sanción de Dios sobre el uso de trabajo forzado por parte de Salomón en estos proyectos no es explícita. Pero probablemente valga la pena observar que estos eran proyectos nacionales para las personas que fueron reclutadas: las personas no estaban esclavizando a otras para su servicio personal.

condonar actividades que parecen injustas según otras partes
de la Biblia. Este pasaje establece reglas para comprar,
mantener y liberar esclavos hebreos. Confirma que los hijos
de las personas esclavizadas pertenecen al amo. Confirma
que un hombre puede vender a su hija como esclava (presumiblemente con fines conyugales). Y confirma ciertos derechos que tal mujer tendría que son similares a los derechos
que una esposa tiene sobre su esposo. El pasaje establece que
un esclavo hebreo varón debe ser liberado sin ningún requisito de pago después de seis años de servicio, pero niega tal
libertad a una hija vendida como esclava.

Antes de ofrecer un comentario sobre el pasaje de Éxodo
21, por favor, lea lo siguiente para que podamos considerar el
asunto a la luz de ambos pasajes.

En cuanto a los esclavos y esclavas que puedes tener de las
naciones paganas que los rodean, de ellos podrán adquirir
esclavos y esclavas. También podrán adquirir*los* de los hijos
de los extranjeros que residen con ustedes, y de sus familias
que están con ustedes, que hayan sido engendradas en su
tierra; estos también pueden ser posesión de ustedes. Aun
podrán dejarlos en herencia a sus hijos después de ustedes,
como posesión; podrán servirse de ellos como esclavos para
siempre. Pero en cuanto a sus hermanos, los israelitas, no se
enseñorearán unos de otros con severidad. (Levítico 25:44-
46)

Un principio básico de la interpretación bíblica es que los
pasajes ambiguos deberían ser entendidos de manera que

armonicen con otros pasajes sobre el mismo tema que admiten un significado claro.

La servidumbre puede ser voluntaria o involuntaria. Consideremos lo que, históricamente, ha conducido a cada una. Alguien en servidumbre involuntaria podría haber sido capturado por secuestro o ser un cautivo de guerra, ya sea vendido por los vencedores o mantenido como esclavo. Podría haber nacido de alguien ya en servidumbre, en una sociedad que estipula que los hijos sigan la condición de un padre esclavizado. Y, por último, por duro que sea para mí como padre imaginarlo, un hijo podría haber sido vendido a servidumbre por el padre para satisfacer una deuda.

Por el contrario, una persona en servidumbre voluntaria a menudo se vendía a sí misma para un número especificado de meses o años, o un número determinado de horas por día. El empleo regular es un tipo de servidumbre voluntaria: Alguien acepta trabajar por un período de tiempo a cambio de algo valioso, generalmente dinero. Una persona que se vende libremente a la servidumbre ha entrado básicamente en un contrato. También en esta categoría se encuentran las personas en servidumbre como consecuencia de una persecución legal por algún crimen.

¿Son injustas todas las formas de servidumbre involuntaria? ¿Son los pasajes mencionados arriba prescriptivos (es decir, dicen lo que se *debe* hacer) o meramente descriptivos (es decir, solo expresan lo que *se hacía*)? No sé qué pensar sobre el pasaje de Éxodo 21. A la luz de los otros mandamientos, es razonable concluir que Deuteronomio 20:11 fue un mandato específico solo para Israel en ese tiempo. Como debe ser evidente en las partes anteriores de este libro, particularmente en los capítulos 6 al 8, la servidumbre involuntaria es incorrecta, salvo en circunstancias limitadas, como cuando una persona ha sido condenada por un crimen o en proyectos nacionales de construcción. El trabajador es digno de su salario (1 Timoteo 5:18), y el principio de propiedad afirma la posesión a menos que, hasta que el trabajador voluntariamente se deshaga de su trabajo o sus frutos. Jesús dijo: "Por eso, todo cuanto quieran que los hombres les hagan, así también hagan ustedes con ellos, porque esta es la ley y los profetas." (Mateo 7:12). ¿Te gustaría ser vendido como esclavo en contra de tu voluntad? ¿O estar retenido en esclavitud? Si no, entonces no lo hagas con alguien más.

'Eso no es lo mismo,' puede decir alguien, '¡Es insultante y ofensivo comparar el socialismo, que ayuda a las personas, con la esclavitud, que todos sabemos fue una vergüenza, una mancha sobre el mundo!' Sin embargo, sentirse ofendido no es una respuesta. Hemos establecido que todos, ricos y pobres por igual, tienen derecho a la justicia. Es incorrecto esclavizar a algunas personas en nombre de ayudar a otras. ¿Merece Jose ser esclavizado solo porque ahorró suficiente dinero para comprar un Porsche? Recuerda que algunas almas secuestradas en la esclavitud desde África y otros lugares eran de familias nobles y ricas. ¿Eso significa que en tu mente esas personas de alguna manera merecían ser esclavizadas? Si no, entonces Jose tampoco lo merecía.

Robar el coche de Jose no fue tan malo como la esclavitud de por vida sufrida por los esclavos de los siglos XVII-XIX. Sin embargo, la naturaleza de la injusticia es la cuestión clave, no el grado. ¿Qué pasaría si Jose no fuera solo un humilde carpintero de medios promedio, sino un hombre extremadamente rico con varios coches, varias casas, un yate y un jet privado? ¿Cuál sería el daño, en ese caso, de obligarlo a entregar algo de su riqueza a otros menos afortunados que él? La pregunta sigue siendo, '¿Es servidumbre involuntaria?' La respuesta, sugiero, no puede ser otra que 'Sí.' Además, los mandamientos "No robarás" y "No codiciarás" (Éxodo 20:15, 17) siguen aplicándose. El uso de un tercero—en este caso, el gobierno—para llevar a cabo el saqueo no cambia la naturaleza de la actividad.

Resumen del capítulo

El socialismo democrático es un sistema de servidumbre involuntaria, en el que una población minoritaria es forzada a trabajar para la mayoría. Esta esclavitud se disfraza con varios eufemismos, como 'asistencia social', 'vivienda asequible' (o 'vivienda subvencionada'), 'condonación de deudas estudiantiles', entre otros. Dado que el gobierno no puede ser resistido, los esclavizados no tienen más opción que servir según lo ordenado. Incluso si deciden huir, en prácticamente ningún caso pueden hacerlo sin antes ver cómo se les arrebata su trabajo—en forma de cualquier porción de su riqueza que sea demandada—por la voluntad de la mayoría. Dado que la Biblia afirma que el trabajo y sus frutos pertenecen al individuo para disponer de ellos como desee, el socialismo democrático es incompatible con la justicia bíblica.

16

¿EL GUARDIÁN DE MI HERMANO?

¿Alguna vez has escuchado a cristianos u otras personas usar el término 'guardián de mi hermano' como si fuera algo bueno o deseable, como si fuera algo que todos deberíamos querer ser?

La *única* vez que las palabras 'guardián de mi hermano' aparecen en toda la Biblia es en boca del homicida Caín.

> Caín dijo a su hermano Abel: "Vayamos al campo". Y aconteció que cuando estaban en el campo, Caín se levantó contra su hermano Abel y lo mató. Entonces el Señor dijo a Caín: "¿Dónde está tu hermano Abel?". Y él respondió: "No sé. ¿Soy yo acaso guardián de mi hermano?". Y el Señor le dijo: "¿Qué has hecho? La voz de la sangre de tu hermano clama a Mí desde la tierra." (Génesis 4:8-10)

¿Acaso Dios le dijo a Caín que debía ser el guardián de su hermano? ¿Quiso Dios que Caín fuera el guardián de su hermano? En realidad, en ninguna parte la Biblia da a entender que Caín debía ser una figura paternalista, infantilizando a su hermano Abel al proveerle todo lo que necesitara o deseara. ¡No! La justicia que Caín le debía a su hermano Abel era *no asesinarlo*.

¿Estamos tú y yo llamados a proveer atención médica gratuita, vivienda, alimentos, cuidado infantil, teléfonos, controles de precios, control de alquileres y un 'salario digno'? Si ese es tu llamado específico de parte de Dios, entonces sí, a nivel individual deberías hacer esas cosas (excepto los controles de precios o de alquiler, ya que son robo), siempre que Dios te haya llamado y capacitado para hacerlo. Pero, ¿alguna vez Dios te llamará a arrebatarle el bolso a una mujer en la calle para proporcionar vivienda a otra persona? Lo dudo muchísimo.

Amigos, tengamos mucho cuidado de no tomar lo que es malo y llamarlo bueno. Si escuchas a un cristiano decir que necesitamos ser 'guardianes de nuestros hermanos,' repréndelo. Recuérdale que cada hombre, mujer y niño está hecho a imagen de Dios y que cada persona en pleno uso de sus facultades tiene una agencia otorgada por Dios. Esta agencia incluye la capacidad de tomar decisiones en la vida, asumir la responsabilidad moral por sus acciones e interactuar con otras personas en un nivel de igualdad, no como un niño que busca el permiso de un hermano mayor o un padre. Excepto cuando sea realmente necesario debido a la vejez, la infancia o una condición de salud debilitante, no necesitamos estar cambiándonos los pañales ni preparando biberones para colocar en la boca de nuestros semejantes. No. A nuestros semejantes les debemos *justicia*. Y les debemos amor y bondad. El paternalismo—vernos a nosotros mismos como 'guardianes de nuestros hermanos' hacia los demás—no es ninguna de las dos cosas.

¿Realmente le pertenece tu propiedad a los pobres?

Junto con la idea equivocada de que la Biblia nos instruye a ser como madres gallinas protectoras sobre nuestros semejantes, hay una creencia asociada que sostiene que tal actitud paternalista requiere que quienes poseen alguna cantidad de propiedad—grande o pequeña—se resignen y permitan que otros (miembros de una categoría llamada 'los pobres') simplemente tomen lo que quieran.

Hace varios años, una amiga cristiana me informó que mi propiedad realmente "le pertenece a Dios y, por extensión, a los pobres." No entendí entonces, ni lo entiendo ahora, cómo llegó a la conclusión de que, si algo le pertenece a Dios, entonces también le pertenece a los pobres. Pero, dado que esta línea de razonamiento en apoyo al socialismo posiblemente sea compartida por otros, considerémosla.

Esta amiga afirmó que "el capitalismo dice que tu propiedad te pertenece a ti. La Biblia dice que tu propiedad pertenece [...] a los pobres." En esta afirmación veo dos planteamientos principales: Primero, que tu propiedad no te pertenece a ti—presumiblemente porque le pertenece a Dios, como mencionó anteriormente—y segundo, que tu propiedad sí les pertenece a los pobres. Después de haber leído hasta aquí en este libro, sospecho que puedes identificar fácilmente los errores, que podríamos exponer mediante una serie de preguntas.

Primero, si los pobres son dueños de mi propiedad, ¿qué podría significar entonces el mandamiento "No robarás"? ¿Se aplica solo a algunas personas y no a otras? ¿Solo los pobres poseen cosas, y por lo tanto son dueños de todo—es decir, de toda mi propiedad, como afirmó mi amiga? En Mateo 19:18, Jesús le dijo a un hombre que debía guardar el mandamiento de no robar. ¿Qué quiso decir Jesús? ¿Estaba mintiéndole? ¿Quiso decir solamente que no se debe robar a los pobres, quienes poseen todo, porque sería imposible robar a quienes no son pobres, ya que no poseen nada? ¿Acaso Jesús estaba presentándole un acertijo extraño?

Segundo, si es cierto que los pobres poseen todo, ¿cómo se llega a esta conclusión desde la Biblia y—lo que es más importante—qué significa 'pobres'? Dicho de otro modo, quizás, si yo llego a ser pobre, ¿entonces seré dueño de todo y tendré derecho a entrar en la casa de cualquier persona no pobre y tomar lo que quiera? La respuesta a estas preguntas parecería muy importante, también, para saber quién tiene permitido tomar mi auto, hackear mi cuenta bancaria, llevarse mi casa, mis libros, fotografías y efectos personales, y quién no tiene permitido hacerlo (es decir, porque no es 'pobre' y, por lo tanto, no es dueño de mi propiedad).

¿El ladrón en la cruz junto a Jesús era realmente inocente —al menos de robo? ¿O simplemente no era lo suficientemente pobre como para poseer todo? En Hechos 5, aprendemos que Pedro le dijo a Ananías que su tierra le pertenecía —es decir, a Ananías—antes de ser vendida, y que después de ser vendida, el dinero estaba a su disposición. ¿Pedro estaba mintiéndole a Ananías?

En la parábola de los trabajadores en la viña (Mateo 20), el peso moral de la historia descansa en la verdad de que el dueño de la tierra realmente era propietario de su tierra y su dinero, y por lo tanto tenía derecho a hacer con ellos lo que quisiera—en este caso, pagar a los trabajadores diferentes salarios por hora según los contratos a los que habían accedido individualmente. Si el dueño de la tierra no poseía su propiedad, entonces Jesús habría estado comparando a Dios con un terrateniente injusto. ¿Puede haber alguna razón por la que Jesús buscaría demostrar la justicia de Dios explicando que es muy parecida a la injusticia humana?

¿Por qué se molestaría Dios en dar el mandamiento "No codiciarás" si en realidad la propiedad de todos pertenece a los pobres? Al menos parecería que lo habría calificado para que supiéramos cuándo existe la codicia. Es decir, si no soy una persona pobre y codicio la casa de otra persona, entonces es codicia, pero si soy pobre, entonces en realidad todas las casas me pertenecen, por lo que no hay forma de que pueda codiciar aunque lo intente, a menos que, quizás, esté codiciando la propiedad de otra persona pobre.

Este enigma es una de las mayores áreas de confusión para mí. Hay muchas personas pobres (al menos eso dice Tevye en *El violinista en el tejado*). Cuando dices que los pobres son dueños de mi propiedad, ¿cómo se traduce esto en la realidad? ¿Cada persona pobre en el mundo posee una parte igual de mi propiedad? ¿O cualquier persona pobre tiene derecho a tomar lo que quiera de mi propiedad, que al reclamarlo (como los colonos en el Lejano Oeste) entonces se convierte en 'suyo'? Y, si las personas pobres en realidad poseen toda la propiedad en el mundo (porque la propiedad de todos los que no son 'pobres' les pertenece a los que sí lo son), ¿cuál es el significado de 'pobre,' después de todo? ¿Significa realmente 'el único tipo de persona en el mundo que posee propiedad'?

Resumen del capítulo

Usar el término 'guardián de mi hermano' de manera positiva suele ser una señal de analfabetismo bíblico. Le debemos a nuestros semejantes tratarlos con justicia, y eso incluye respetar su propiedad. En última instancia, es cierto que todo lo que tenemos es de Dios (Salmo 24:1). Pero, en las relaciones humanas, Dios dio instrucciones para la disposición ordenada de la propiedad, nos hizo administradores de los bienes que poseemos y nos mandó respetar la propiedad ajena. Cuando robamos, ya sea mediante un allanamiento o votando para quitarle a alguien su propiedad y dársela a otro, desafiamos la palabra de Dios y quebrantamos los dos mandamientos más importantes: amar al Señor tu Dios con todo tu corazón y amar a tu prójimo como a ti mismo.

17

¿QUÉ HAY DE MALO CON EL SOCIALISMO?

E l 4 de agosto de 2016, el pequeño Charlie nació en Londres, Inglaterra, un país con un sistema de salud socialista llamado el Servicio Nacional de Salud (NHS). Aunque Charlie parecía sano al nacer a término completo, sus padres notaron, después de unas semanas, que no estaba ganando peso y mostraba cierta debilidad. Las pruebas finalmente revelaron una rara enfermedad genética que probablemente conduciría a la muerte en la infancia tras daños cerebrales y fallos orgánicos. En noviembre de ese mismo año, la junta ética del hospital recomendó no hacerle a Charlie una traqueotomía, y su condición empeoró.

Luego, en diciembre, los padres de Charlie consultaron al Dr. Michio Hirano, jefe de la División de Trastornos Neuromusculares del Centro Médico de la Universidad de Columbia. En enero, se inició una cuenta de GoFundMe para Charlie; recaudó £1.3 millones (aproximadamente $1.5

millones USD) en pocos meses. Ese mismo mes, el hospital local del Reino Unido opinó que algunas convulsiones epilépticas probablemente habían causado daños cerebrales en Charlie, y comenzó a discutir la posibilidad de finalizar su soporte vital. Sus padres no estuvieron de acuerdo y querían llevarlo a Nueva York para recibir un tratamiento de nucleósidos con el Dr. Hirano.

En lugar de permitir que los padres, quienes habían recaudado los fondos para el traslado a Nueva York, tomaran a Charlie y se fueran, el hospital socialista local comenzó a *luchar contra ellos en los tribunales para impedirlo*. Los tribunales británicos apoyaron los esfuerzos del hospital para bloquear el traslado de Charlie. También fue necesaria una gran lucha por parte de los padres de Charlie y una importante protesta pública para detener el plan del hospital de retirar el soporte vital de Charlie el 30 de junio. Incluso el presidente Donald Trump se involucró en el caso, al igual que los congresistas Brad Wenstrup y Trent Franks, quienes ofrecieron presentar un proyecto de ley para otorgar a Charlie y a su familia la residencia permanente legal en los EE. UU., y apoyar a los padres en su derecho a elegir lo que consideraran mejor para su hijo, en lugar de ser obligados a dejarlo morir por el sistema de salud británico de pagador único. Para cuando las apelaciones llegaron a su fin, Charlie seguía vivo, pero cuando el Dr. Hirano lo visitó en julio, determinó que ya era demasiado tarde para el tratamiento. El soporte vital fue retirado a finales de julio, y Charlie murió al día siguiente.

La historia de Charlie atrajo mucha atención, pero,

lamentablemente, no fue un caso aislado. En 2020, el virus COVID-19 recorrió el mundo en una pandemia que causó muertes principalmente entre personas mayores y aquellas con múltiples condiciones de salud subyacentes. Ahora bien, en una pandemia, cada país, estado y localidad debe a veces enfrentarse a problemas en la cadena de suministro, ya que la demanda de materiales supera los niveles ordinarios. En tiempos de crisis médica con recursos y capacidades limitados, existen protocolos de triaje. Pero, ¿qué sucede cuando el valor individual de las personas, según los proveedores de servicios de salud, se basa en cierta manera en una fórmula que considera su contribución futura percibida a la sociedad frente al costo para 'el sistema' de mantenerlos con vida?

Como se informó a mediados de 2021, el NHS en 2017 y 2018 redactó protocolos para retirar la atención hospitalaria a los residentes de hogares de ancianos en caso de una pandemia futura. Según documentos de Whitehall, los planes negarían tratamiento a residentes de hogares de ancianos en sus 70 años, ofreciendo en su lugar 'apoyo' en forma de diversas 'vías de final de vida.'[1] Y el plan se llevó a cabo: los gerentes del NHS pidieron a los hogares de cuidado de ancianos y a los médicos generales "que colocaran órdenes de 'no resucitar' en todos los residentes durante el punto álgido de la pandemia [de COVID-19] para mantener las camas de hospital libres".[2] Cuando los recursos eran limita-

---

1. "NHS made pandemic plan to deny elderly care," *Daily Telegraph*, 31 de julio de 2021. telegraph.co.uk (2 de diciembre de 2024, ProQuest International Newsstream).
2. Ibid.

los pacientes fueron triados según su probabilidad percibida de sobrevivir en lugar de su necesidad clínica. Como confirman más documentos de Whitehall, la política fue clasificada como 'confidencial' y 'oficialmente sensible', por lo que se mantuvo oculta al conocimiento y debate público.[3]

Pero, ¿*por qué* los países socialistas favorecerían 'caminos de final de vida' para los pacientes en hogares de ancianos? ¿Cuál podría ser su incentivo para hacer tal cosa? Después de todo, la gloriosa utopía de la atención médica 'gratuita' debería estar disponible para todos en cantidades ilimitadas, ¿verdad? Nuevamente, el socialismo se basa en una filosofía materialista y una baja valoración del valor de los individuos. Bajo el socialismo, el gobierno proporciona servicios, haciendo esto con el dinero recaudado a través de impuestos, siendo los individuos con mayores ingresos los que generalmente asumen la mayor parte de dicha carga fiscal. ¡Pero la cantidad total de fondos disponibles para esos servicios es limitada!

Además, la asignación de esos fondos no está impulsada por las fuerzas del mercado, sino por fuerzas políticas, incluidas personas que no son expertos en la materia ni maestros en la gestión de un negocio altamente complejo. Estos operadores políticos generalmente no son responsables de que el negocio no funcione de manera eficiente dentro de los límites presupuestarios. Es decir, hay mucho más desperdicio en un sistema gestionado por el gobierno y financiado con impuestos que en una empresa que tiene que competir en un

---

3. Ibid.

mercado libre, ofreciendo servicios de calidad a un buen precio mientras paga a todos los empleados y contratistas un salario mutuamente aceptable.

Bueno, alguien podría objetar, eso puede ser malo, pero al menos las personas tenían acceso a atención médica gratuita. Y de todos modos, ¿no es un sistema capitalista mucho peor para cuidar a los pobres y necesitados? La respuesta a esta pregunta podría tomar diversas formas y llenar volúmenes, pero elijamos solo una. Piensa en los países que han sido socialistas durante décadas, y en aquellos que han sido capitalistas durante décadas (o más). ¿Cuáles son los que se perciben como los destinos más codiciados por los inmigrantes potenciales? Si bien es cierto que los inmigrantes han inundado países como Alemania, Francia y el Reino Unido, y han sido inscritos de inmediato en sus servicios sociales, el país líder en inmigración en el mundo sigue siendo el Estados Unidos de mercado libre. Y no hay olas de personas clamando por ingresar a 'paraísos' socialistas como Corea del Norte, Cuba o China.

El Muro de Berlín fue erigido por la Unión Soviética entre Alemania Oriental y Alemania Occidental. El propósito del muro no era mantener a la gente afuera; era evitar que los ciudadanos de la U.R.S.S. huyeran. No hace falta erigir barreras para salir cuando el sistema de gobierno es mejor que lo que hay al otro lado de la frontera. Pero los países comunistas regularmente impiden la emigración de sus ciudadanos.

El socialismo tergiversa la realidad

A finales de 2024, el senador socialista de EE. UU., Bernie Sanders, escribió: "El 1% más rico de los estadounidenses ha tomado 50 billones de dólares (sic) de los el 90% inferior en los últimos 50 años. ¿Y se preguntan por qué la gente en este país está enojada?"[4] Cuando se nos dice que alguien 'tomó' algo, no asumimos que lo compró, trabajó o se lo dieron. Pero la acusación de Sanders—además de ser increíblemente engañosa debido a los factores de movilidad social que se discutirán a continuación—fue deshonesta. En un video vinculado a su discurso, Sanders no dijo 'tomado', sino 'transferencia de riqueza', lo cual también es engañoso.

Las estadísticas, cuando se abusan, distorsionan el mundo que pretenden representar. Gran parte de la discusión en Occidente sobre la pobreza—especialmente en Estados Unidos—distorsiona detalles críticos o los omite. El economista Thomas Sowell ha señalado que el ingreso familiar, métrica comúnmente citada como prueba de disparidad, a menudo oculta la verdadera situación, ya que los hogares con mayores ingresos tienen más personas viviendo juntas y, en promedio, *cuatro veces más personas generando ingresos* que los hogares con menores ingresos. Sowell pregunta: "¿Qué tan sorprendente es cuando cuatro personas trabajando ganan más ingresos que una persona que gana sola?"[5]

---

4. Bernie Sanders, publicación en X, 3 de diciembre de 2024.
5. Thomas Sowell, *Discrimination and Disparities*, (Nueva York: Basic Books, 2019). 90.

Sowell también citó un estudio de la Universidad de Michigan que siguió a un grupo de trabajadores estadounidenses desde 1975 hasta 1991. Este estudio descubrió que el 95% de las personas que comenzaron en el 20% más bajo de los ingresos individuales ya no estaban en esa categoría al final, y un impresionante 29% en realidad ascendió hasta el 20% superior de los ingresos.[6] Solo uno de cada veinte personas en ese estudio permaneció en la pobreza después de 16 años. Este hallazgo resalta un hecho importante: la pobreza a menudo es una etapa de la vida, y es en su mayoría una condición *temporal*. Al menos en los Estados Unidos (donde abundan las oportunidades), muy pocas personas permanecen en la pobreza durante un largo período de tiempo.

Los defensores del socialismo como Bernie Sanders, por supuesto, tienden a no gustarles esta claridad. De ese 29% que pasó del fondo al top en el estudio de Michigan, uno se preguntaría cuántos habrían logrado lo mismo bajo un sistema socialista. Además, si el 95% de los que comenzaron en el fondo subieron al menos una vez a la categoría superior durante un período de *dieciséis años*, ¿qué es lo que probablemente le haya sucedido al '90% inferior' al que Bernie Sanders hace referencia durante su periodo de *cincuenta años*? La respuesta es que las categorías no son estáticas; sus palabras son esencialmente mentiras debido al detalle que omite.

---

6. Ibid., 92.

El socialismo es internamente inconsistente

Observe las siguientes características del socialismo. El socialismo es *optimista* acerca de la naturaleza humana en términos corporativos cuando el grupo en cuestión es el gobierno, pero *pesimista* acerca de la naturaleza humana en términos corporativos cuando el grupo en cuestión está involucrado en cualquier tipo de empresa privada o con fines de lucro, y *pesimista* sobre el individuo en todo momento, salvo cuando ese individuo actúa como agente del gobierno. El individuo, aparte del gobierno, se presenta como alguien *indefenso y necesitado de rescate*, o como *un opresor de los demás*. Si se detiene un momento y lo piensa, los argumentos de los socialistas no tienen sentido. ¿Qué haría que la misma persona tuviera los motivos más puros cuando lleva una placa de la EPA[7], pero los motivos más malvados y corruptos cuando se sienta en la mesa de la junta de su corporación?

El socialismo es cruel

Dado que las fuerzas regulares del mercado, como la oferta y la demanda, no funcionan de la misma manera cuando existe un monopolio, es menos probable que los suministros sean suficientes en cada situación. Por esta razón, el socialismo siempre termina racionando; es trágico que algunas personas ansiosas por el socialismo hoy en día no lo entiendan aún,

---

7. EPA = Agencia de Protección Ambiental, un departamento del gobierno federal de los Estados Unidos.

porque no lo han vivido. Cuando el gobierno posee los medios de producción o los micromaneja a través de regulaciones y procesos minuciosos, la mano invisible del mercado libre es encadenada y cerrada. El resultado—como han descubierto millones de personas a lo largo del último siglo —son las colas de pan, cortes de electricidad, estanterías vacías en los supermercados, precios altos y atención médica racionada o de calidad inferior, todo acompañado por impuestos cada vez más altos para contrarrestar el despilfarro e ineficiencia del gobierno. Debido a sus resultados inevitables, quienes imponen el socialismo en la sociedad hacen algo muy cruel.

La 'compasión' forzada nos perjudica a todos

Piense por un momento en un tiempo cuando vio o supo de alguien en necesidad, alguien que no tenía nada que ofrecerle a cambio, y usted metió la mano en su propio bolsillo y le dio a esa persona un regalo que realmente *le costó algo*. ¿Cómo se sintió? Se sintió bien, ¿verdad? Su día tuvo más sentido. Se sintió más vivo. Sintió alegría. Se sintió *humano*.

En realidad, no era más humano después de este encuentro, pero la sensación que experimentó es uno de los muchos reflejos de la imagen de Dios en usted. Dios lo hizo, Él es amor (1 Juan 4:8), y algo se siente bien en su vida cuando elige amar a los demás de una manera que le cuesta algo personalmente.

Ahora imagine que es gravado fuertemente, día tras día, mes tras mes, y año tras año, para apoyar a un gobierno que proporciona atención médica, vivienda, universidad gratuita y una 'renta básica universal'. Alguien se le acerca en la calle pidiéndole ayuda para comprar comida o pagar por un alojamiento temporal. ¿Cuál es su primer pensamiento? Ya sea que lo diga en voz alta o no, probablemente será: '¿Para qué pago mis impuestos? Hay todo tipo de recursos disponibles para usted. Ya he pagado por su vivienda, su comida, su ropa y probablemente hasta por su teléfono inteligente. ¿Por qué debería pagar por estas cosas *dos veces* dándole más?' Y puede que lo remita a la oficina de asistencia del gobierno más cercana.

¿Cómo se siente después de esa interacción? Probablemente se aleje de este encuentro sintiéndose al menos un poco molesto—tal vez directamente hacia esa persona por hacerle parecer cruel al decir 'no' cuando debería saber que hay recursos del gobierno disponibles. O, si logra convencerlo de darle algo, probablemente se sienta al menos un poco resentido hacia aquellos que lo han estado drenando financieramente y que aún no han logrado satisfacer adecuadamente las necesidades de personas como la que se acercó a usted en busca de ayuda.

Ahora, piense en un momento en el que usted estuvo en necesidad y tuvo que pedirle ayuda a alguien más. ¿Cómo se sintió? Probablemente inseguro, incluso un poco avergonzado, ¿verdad? Además, se sintió vulnerable e incierto de cómo se iba a satisfacer su necesidad, o si se iba a satisfacer en absoluto. Tuvo que enfrentar la posibilidad—o tal vez incluso la realidad—de perderse una comida, o de conseguir algo de comer con muy poco, o de pasar la noche en un lugar incómodo, sucio o incluso posiblemente inseguro.

Luego, alguien le dio algo de dinero, comida o un lugar donde quedarse. ¿Qué sintió entonces? Tal vez se sintió humillado y agradecido. Su corazón se calentó al ver que un completo extraño se preocupaba lo suficiente como para ayudarle. Su sentido de pertenencia a la familia humana se renovó, al igual que el de la persona que le ayudó.

La compasión forzada cultiva corazones insensibles. A menudo hablamos de consecuencias no deseadas, pero una de las mayores y más graves consecuencias del socialismo es un entumecimiento del espíritu humano y del tejido social. El difunto juez de la Corte Suprema de los EE. UU., Antonin Scalia, una vez escribió: "La transformación de la caridad en un derecho legal ha producido donantes sin amor y beneficiarios sin gratitud." Tenía razón.

Luego llegamos a nuestra necesidad de la satisfacción de la recompensa tras el esfuerzo. Ser dado todo por el gobierno, incluso sintiendo posiblemente derecho a lo que no ganó, difiere de tener que trabajar para proveer comida para usted y su familia o adquirir otras cosas que pueda querer o necesitar. Hay momentos en los que cada uno de nosotros necesitará depender de otros—en la infancia, en la vejez, durante una enfermedad o una enfermedad incapacitante, durante períodos de pérdida de empleo o traición por parte de un cónyuge, y así sucesivamente—y no está mal aceptar ayuda durante tiempos de necesidad. Pero si la mayoría de nosotros pasamos por la vida sin experimentar la alegría de la recompensa por nuestro esfuerzo, habremos perdido una parte importante de lo que fuimos hechos, lo que significa ser humano y estar hechos a imagen de Dios, Quien trabajó seis días para crear todo (Génesis 2:2), y Quien continúa trabajando (Juan 5:17).

Ahora, multiplique el impacto de no experimentar la alegría de la recompensa por el trabajo—ni la alegría de sacrificarse voluntariamente con regularidad para cuidar a los demás—en miles de millones de interacciones, durante muchos años, a través de toda una sociedad. ¿Qué cree que será el efecto acumulativo sobre la salud general y la condición del alma de ese lugar? Será negativo en comparación con el resultado cuando es dejado a los individuos ver necesidades y satisfacerlas.

Hay una razón por la que las sociedades socialistas y comunistas carecen de alegría desbordante. Incluso lo noto en los países post-comunistas que aún no se han recuperado completamente de la opresión. Las sonrisas suelen ser huecas. Y en los ojos de tantos hay un vacío, un pesimismo, una falta de alegría. Creo que la razón es similar a la que hace que las plantas crecidas bajo luces fluorescentes o en tierra pobre se vean marchitas y enfermizas. Las masas de personas bajo el socialismo son sistemáticamente privadas de los nutrientes clave que sus almas realmente necesitan para florecer.

Las Terribles Consecuencias de la Injusticia Sistémica

El *bien común* es un término muy apreciado por los socialistas. Este término aparece exactamente una vez en la Biblia—1 Corintios 12:7—y el versículo no se refiere ni a la economía ni a la coerción.[8] El problema de usar el término 'bien común' en las discusiones económicas es que invariablemente deshumaniza a alguna persona o grupo de personas y se convierte en un pretexto para la injusticia. El socialismo niega a las personas el fruto de su trabajo, eliminando así el incentivo natural para trabajar—lo cual es una actividad humana saludable y moral. Separa a las personas de la alegría de ganarse su propio sustento, reemplazándola con dependencia.

El historial de la mentalidad socialista del 'por el bien común' es desastroso. En Alemania, Adolfo Hitler y sus Nacional Socialistas dirigieron el asesinato de 6 millones de personas, la mayoría de ellas judíos. Aunque el comunismo es solo una subcategoría de los sistemas socialistas, por sí solo es responsable de unas 100 millones de muertes en el siglo XX, una cifra que no incluye los estimados 400 millones de abortos forzados por el régimen chino entre finales de los años 70 hasta 2012.[9] China comunista lidera en muertes en números absolutos—65 millones—con las dos mayores masacres siendo la Gran Hambruna (1959-1961)—causada por el Gran Salto Adelante, que mató a unos 50 millones de personas—y la Revolución Cultural (1966-1976), con estimaciones de muertes entre 2 y 20 millones. Mao Zedong

---

8. Las principales traducciones al inglés de la Biblia, como la NIV, ESV y NASB, no contienen este término en ningún otro lugar.

9. Durante este período, las mujeres que parecían embarazadas sin documentos eran cazadas, transportadas involuntariamente a instalaciones y forzadas a someterse a la terminación de sus bebés. Tenga en cuenta que solo esta cifra es mayor que la población total actual de los Estados Unidos. Xi Van Fleet, conversación personal, 2 de diciembre de 2024.

presidió todo este período. La Unión Soviética fue responsable de la siguiente mayor cantidad de muertes, 20 millones. En Camboya, Pol Pot mató a un estimado de 2-3 millones de su pueblo, lo que representaba una cuarta parte o un tercio de la población del país. En Corea del Norte, la cifra es de 2 millones. El comunismo en Vietnam, América Latina, África, Afganistán y Europa del Este mató a otros 5.35 millones.[10]

Por qué el Socialismo Fracasa

El socialismo fracasa, en primer lugar, porque sistematiza la injusticia. Permite el robo y recompensa a las personas por castigar a un hombre si hace algo para beneficiar a la sociedad. La segunda razón económica inmediata por la que el socialismo fracasa es que no tiene en cuenta la naturaleza humana. De hecho, castiga actividades que la Biblia dice que son buenas, como trabajar para proveer para uno mismo y para su familia, participar en el comercio, buscar obtener una ganancia y ahorrar para el futuro.

En otras palabras, el socialismo niega la estructura natural que lleva a la prosperidad tal como Dios la diseñó dentro del marco de seis días de trabajo seguidos de un día de descanso. Los efectos felices de las personas que persiguen diligentemente sus propios intereses fue el tema del famoso comentario de Adam Smith: "Al promover su propio interés

---

10. Stéphane Courtois et al., *The Black Book of Communism: Crimes, Terror, Repression* (Cambridge: Harvard University Press, 1999), 4. Véase también la Fundación Conmemorativa de las Víctimas del Comunismo. https://victim sofcommunism.org.

[el individuo] frecuentemente promueve el de la sociedad de manera más eficaz que cuando realmente tiene la intención de promoverlo."[11]

Los socialistas han fracasado al no entender que la justicia económica bíblica—que hoy en día es aproximadamente idéntica a lo que llamamos capitalismo—es el gran motor de la prosperidad humana porque, primero, afirma lo que la Biblia afirma. No robarás. Si necesitas o deseas algo que otra persona posee, debes obtenerlo por regalo o por compra, no por robo. Segundo, es probable que tengas éxito en obtenerlo si ofreces algo que la otra persona quiere o necesita a cambio. Ahora, puedes ser perezoso o poco habilidoso, pero cuando necesitas o deseas algo, aplicarás las energías y talentos que Dios te dio para obtener lo que necesitas.

Los avances en ciencia y medicina que han mejorado la vida de millones de personas han llegado principalmente dentro de un sistema capitalista, y mucho menos frecuentemente en sociedades que tienen otros sistemas. Las personas en los países del tercer mundo hoy en día tienen vidas más largas, visión restaurada, alivio de plagas y pestilencias, y una salud pública mejorada, en parte gracias a los frutos que llegaron a este mundo mediante la afirmación de la libertad y la propiedad en los Estados Unidos y en otros lugares. Estos son avances que *no existirían* si no fuera por el capitalismo.[12]

---

11. Adam Smith, *An Inquiry into the Nature and Causes of the Wealth of Nations*, Norwalk: Easton Press (1991), 347-8.
12. Los abusos de poder pueden surgir bajo cualquier sistema económico.

Aquí hay una lista parcial de lo que comúnmente ocurre bajo gobiernos socialistas: corrupción, pérdida de libertad, abuso de inocentes (incluyendo el asesinato de categorías de personas), aumento de costos de bienes y servicios, disminución de la calidad, oportunidades estancadas y desiguales (a menudo basadas en conexiones personales, limitadas a un rango de actividades y resultados), pérdida de un gobierno responsable, centralización del poder e inflación.

¿Es el Socialismo Cristiano?

Algunos cristianos han llegado a creer que el socialismo es justo, compasivo y moralmente recto. Debido a que la Biblia llama a todo esto, y porque Dios es amor (1 Juan 4:8), se sienten atraídos por el socialismo. El argumento erróneo que convence a algunos de que el socialismo es lo que Dios quiere—que aquellos que no lo apoyan son malos y egoístas—es algo así:

DIOS ME DICE QUE CUIDE DE LOS POBRES, *Y*
EL SOCIALISMO AYUDA A LOS POBRES, *POR LO TANTO,*
LAS PERSONAS BUENAS DEBEN APOYAR EL SOCIALISMO

Este argumento contiene al menos dos fallos graves. Primero, la premisa 'el socialismo ayuda a los pobres' es mayormente falsa. Los pobres, de hecho, sufren bajo el

---

Las leyes deben ser justas y deben ser sostenidas por un sistema judicial que no favorezca ni a los ricos ni a los pobres.

socialismo—ver los ejemplos de mi primo político en Florida (Capítulo 10) y Charlie Gard (mencionado anteriormente). Pero además, el socialismo perpetra daño e injusticia contra muchos otros, ya que los observadores se ven esclavizados por sus propios vecinos saqueadores, y la sociedad se vuelve insensible y fría, ya que el 'cuidado' de los demás se delega a una agencia gubernamental.

Segundo, el argumento es un ejemplo clásico de la falacia de la *falsa disyuntiva*. Presenta solo dos opciones: una obviamente incorrecta ('no ayudar a los pobres') y otra menos evidentemente mala para la mayoría ('apoyar el socialismo'). Es decir, afirma que si no apoyas el socialismo, no deseas ayudar a los pobres. Sin embargo, es posible ayudar a los pobres sin cometer injusticias contra ellos o contra otros, es decir, sin sucumbir al socialismo.

Como se ha afirmado, el socialismo se basa en la premisa de que no existe un derecho natural a la propiedad, que la distribución desigual de la riqueza es moralmente incorrecta y que la redistribución forzada de la riqueza por parte del gobierno es, por lo tanto, justa y deseable. En consecuencia, los socialistas justifican el saqueo a través del proceso democrático—y eventualmente a través de un estado comunista autoritario de partido único. Como se ha demostrado a lo largo de este libro, ninguna de estas posiciones está alineada con la palabra de Dios, la Biblia. El principio central del capitalismo es que la vida, la libertad y la búsqueda de la felicidad son derechos otorgados a cada ser humano por nuestro Creador. De hecho, ningún derecho humano puede existir aparte de la existencia de la verdad absoluta y de Dios.

Una última razón teológica por la que el socialismo no puede considerarse cristiano es que otro de sus principios fundamentales es antitético al evangelio de Jesucristo. La creencia de que la alegría debe depender de las circunstancias materiales es una afirmación falsa que destruye vidas. Si pospones sentir alegría y contentamiento hasta que se haga justicia perfecta en tu vida, y mucho menos en el mundo, podrías esperar mucho tiempo. Y si tus circunstancias ideales llegan, probablemente no durarán. En contraste, Pablo escribió sobre la verdadera liberación: "he aprendido a contentarme cualquiera que sea mi situación. Sé vivir en pobreza, y sé vivir en prosperidad. En todo y por todo he aprendido el secreto tanto de estar saciado como de tener hambre, de tener abundancia como de sufrir necesidad" (Filipenses 4:11-12). Y nuevamente, "la piedad, en efecto, es un medio de gran ganancia cuando va acompañada de contentamiento" (1 Timoteo 6:6).

La cultura, los maestros, los artistas, los amigos, los parientes, e incluso un pastor o líder eclesiástico de confianza pueden oponerse a lo que Dios dice que es bueno y correcto. Por eso Pablo dio una instrucción específica e individual en Romanos 12:2: no se conformen al patrón de este mundo, sino transfórmense mediante la renovación de su mente. Según Pablo, renovar nuestra mente no es algo automático ni pasivo; debemos decidir y actuar—de lo contrario, ¿por qué habría dado tal instrucción a los romanos? De manera similar, Santiago escribió que un aspecto de la religión pura y sin mancha ante los ojos de Dios es mantenerse limpio de la contaminación del mundo (Santiago 1:27).

18

¿QUIÉN QUIERE EL SOCIALISMO?

En el Capítulo 1, mencionamos la razón general por la que las personas a veces apoyan el socialismo: los políticos o burócratas interesados en disminuir los derechos individuales implementan políticas que, con el tiempo, empobrecen a suficientes personas, lo que las hace dispuestas a votar por más 'ayuda' del gobierno. Pero, de hecho, existen varios tipos de personas que gustan del socialismo, no todos ellos con malas intenciones.

Dulce veneno

Si realizamos una encuesta en un país socialista, ¿qué podríamos encontrar? Encuestas recientes muestran que muchas personas (aunque no la mayoría) tienen una opinión positiva sobre el socialismo. No es sorprendente que los jóvenes, que aún no han acumulado propiedad, tiendan a ser los mayores partidarios del socialismo. Un estudio realizado en el Reino Unido en 2023 reveló que el 53 por ciento de los encuestados de entre 18 y 34 años dijo que el socialismo es el sistema económico ideal.[1] Una encuesta similar en Canadá encontró que el 50 por ciento de los canadienses en esta categoría de edad favorecen el socialismo, aunque pocos quieren ser los que paguen por ello.[2] En los Estados Unidos, el apoyo al socialismo entre los jóvenes aumentó desde 2010 hasta 2023,[3] aunque la tendencia de las opiniones positivas sobre el socialismo en todas las categorías de edad se mantuvo constante,[4] o hacia abajo.[5] Pero, ¿cuál es el problema? Si una minoría creciente lo apoya, entonces el socialismo no debe ser tan terrible, ¿verdad?

El *argumento ad populum*, o 'falacia de la mayoría,' es un error lógico que afirma que si muchas personas apoyan algo, debe ser bueno. Sin embargo, tenemos muchos ejemplos históricos que demuestran que esto simplemente no es cierto. El sentido común nos dice que, aunque *la mayoría* en una sociedad tenga una opinión favorable sobre el canibalismo,

1. Jason Clemens y Steven Globerman, "New poll finds strong support for socialism in the U.K." *Fraser Institute*. 24 de marzo de 2023. (3 de diciembre de 2024).

2. Jason Clemens y Steven Globerman, "New poll reveals 50% of Canadians 18-24 favour socialism, but few Canadians willing to pay for it." *Fraser Institute*. 23 de febrero de 2023. (3 de diciembre de 2024).

3. Jason Clemens y Steven Globerman, *Perspectives on Capitalism and Socialism: Polling Results from Canada, the United States, Australia, and the United Kingdom* (Fraser Institute, 2023).

4. Frank Newport, "Public Opinion Review: Americans' Reactions to the Word 'Socialism'" *Gallup*, 6 de marzo de 2020.

5. Pew Research Center (Centro de Investigación Pew), "Modest Declines in Positive Views of 'Socialism' and 'Capitalism' in U.S." Septiembre de 2022.

eso no significa que todos debamos dejar de preocuparnos por el pobre hombre que está en el menú para la cena de mañana. En el Capítulo 2, mostramos que la Biblia dice que la justicia debe ser entregada a *todos*, no solo a los que forman la mayoría. El socialismo es un sistema de abuso generalizado, perpetrado contra la minoría indefensa. La mitad de la sociedad se agrupa contra los ricos y les hace pagar por los deseos y necesidades de los demás. De hecho, los ricos también se ven obligados a pagar por el despilfarro, ya que el gobierno nunca ha administrado nada de manera más eficiente que su contraparte en el mercado privado.

El interés propio y la ignorancia juvenil no explican completamente los elevados niveles de apoyo al socialismo entre los jóvenes. Recuerda que el socialismo es una ideología autoritaria que domina por la fuerza en nombre del 'bien común.' Los estados socialistas suelen tener un sistema educativo altamente centralizado que enseña a los niños según la ortodoxia gubernamental predominante. Los niños que crecen aprendiendo que la desigualdad de riqueza es injusta y que el gobierno debe controlar todo, probablemente seguirán manteniendo esas opiniones cuando se conviertan en adultos.

Ahora pasamos a una discusión más completa sobre quién apoya el socialismo. En general, propongo que los seguidores del socialismo se dividen en dos categorías: *los villanos interesados en sí mismos* y *las personas decentes que han sido engañadas*. Procedamos.

Lo que la gente ve positivo en el socialismo

Como demuestran las encuestas mencionadas anteriormente, el socialismo no es desaprobado por todos. Sin embargo, entre aquellos que lo aprueban, solo una parte son personas decentes que han sido engañadas. La envidia, el odio, la codicia y el miedo son las principales emociones que los activistas utilizan para tratar de persuadir a los votantes de apoyar a los políticos y políticas socialistas. El socialismo tiende a ser popular entre aquellos que no están contribuyendo a él, o al menos aquellos que suponen que recibirán más de lo que aportan. Estas personas pueden tranquilizar su conciencia demonizando a aquellos que pagan, afirmando que 'pueden pagarlo', que deberían pagar su 'parte justa', o que es lo correcto que ellos cubran el costo ya que 'la sociedad les ha sido tan buena'.

Ahora pasemos a nuestros tipos generales. Para ser claros, *no* aplico cada una de las siguientes descripciones a cada socialista. Y, por favor, recuerden que todos, incluido el villano, están hechos a imagen de Dios y—más que nada—necesitan escuchar y responder al evangelio.

Engañados

Algunas personas creen honestamente que el socialismo es algo bueno, o al menos que no perjudica realmente a nadie, y que al apoyarlo están haciendo algo bueno. Es posible que hayan sido criados para creer que el 'bien común' es una razón suficiente para negar la justicia a algunos individuos o, si no fueron criados de esa manera, pueden haber sido llevados a tal creencia por maestros o profesores. Cuando se les mencionan los cien millones de muertos por el socialismo en el siglo pasado, pueden responder que esos gobiernos no estaban practicando *el verdadero* socialismo, o que el socialismo simplemente no se ha hecho de la manera correcta aún.

Ideas débiles a menudo ganan aceptación mediante argumentos defectuosos y eslóganes vacíos. Una falacia común es el razonamiento circular, un ejemplo que noté recientemente. Un subtítulo en un artículo pro-socialista publicado por NBC News proclamaba: "La próxima generación de socialistas cree que lo intolerable no puede ser tolerado".[6] *Vaya*, pensé para mí mismo, *qué bueno es saber que los jóvenes socialistas entienden que una cosa es igual a sí misma*. Ese título tan ridículo daba vueltas en círculos, pero algunas personas no se darán cuenta. Más bien, podrían sentirse motivadas y pensar: "¡Eso es cierto! ¡No vamos a tolerarlo más! ¡Me alegra que esos socialistas no soporten lo intolerable!"

La distracción desvía la atención de la realidad, ocultando la verdad mediante la desviación. Utilizada por un mago, la distracción dirige la atención lejos de la explicación natural, causando asombro y la percepción de que el mago ha desafiado las leyes de la naturaleza. No es inmoral usar la distracción con fines de entretenimiento, cuando existe un acuerdo implícito entre el engañador y el engañado. Sin embargo, cuando ladrones o políticos deshonestos la usan

---

6. Nathan J. Robinson, "Millennials support socialism because they want to make America great—but for everyone," NBC News, 1 de enero de 2020.

para robar a víctimas desprevenidas o para hacer que las personas apoyen alguna mala acción o política, la distracción se convierte en un instrumento de injusticia. Proteger a los culpables, dañar a los inocentes o llevar a las personas a victimizar a otros: nada de esto es bueno.

Los defensores de todo tipo de maldad comúnmente distraen al renombrar las cosas o al señalar con el dedo de la culpa a los inocentes como una forma de desviar la atención. Algunas palabras clave que los políticos socialistas suelen emplear para engañar a incautos y que acepten sus políticas incluyen 'justo,' 'accesible,' 'justicia social,' 'liberación,' 'víctima,' 'privilegio,' 'desigualdad,' 'acceso,' 'dignidad,' 'asequible' y 'alcanzable.' Mientras tanto, acusan a sus críticos de estar en contra de los impuestos, de la justicia, del aire y agua limpios, de ser 'anti-trabajadores' o de querer que los niños pasen hambre. Dado que este libro es principalmente una evaluación del socialismo, no es necesario entrar en una extensa discusión sobre los trucos de lenguaje usados por los marxistas, pero un pasaje de la Biblia servirá para ilustrar el origen de su técnica:

> El SEÑOR Dios tomó al hombre y lo puso en el huerto del Edén para que lo cultivara y lo cuidara. Y el SEÑOR Dios ordenó al hombre: "De todo árbol del huerto podrás comer, pero del árbol del conocimiento del bien y del mal no comerás, porque el día que de él comas, ciertamente morirás" [...]

La serpiente era más astuta que cualquiera de los animales del campo que el S<small>EÑOR</small> Dios había hecho. Y dijo a la mujer: "¿Conque Dios les ha dicho: 'No comerán de ningún árbol del huerto'?". La mujer respondió a la serpiente: "Del fruto de los árboles del huerto podemos comer; pero del fruto del árbol que está en medio del huerto, Dios ha dicho: 'No comerán de él, ni lo tocarán, para que no mueran'". Y la serpiente dijo a la mujer: "Ciertamente no morirán. Pues Dios sabe que el día que de él coman, se les abrirán los ojos y ustedes serán como Dios, conociendo el bien y el mal". Cuando la mujer vio que el árbol era bueno para comer, y que era agradable a los ojos, y que el árbol era deseable para alcanzar sabiduría, tomó de su fruto y comió. También dio a su marido que estaba con ella, y él comió. (Génesis 2:15-17; 3:1-6)

El detalle a observar es que, primero, cuando la serpiente habló con la mujer, comenzó *inmediatamente* a tergiversar las palabras de Dios. Dios le había dado a Adán y Eva libertad para comer de todos los árboles de este hermoso jardín, excepto de uno. Pero la serpiente comenzó preguntando: "¿Conque Dios os ha dicho: 'No comeréis de ningún árbol del huerto'?" Era una mentira, y la serpiente distorsionó la bondad de Dios para hacerlo parecer tacaño. Y, nota que Eva sigue el mismo patrón al añadir una prohibición, "ni lo tocarán," que Dios nunca había dicho. Y vemos el resto de la tragedia. Después de que la serpiente astutamente plantó una semilla de duda en la mente de Eva sobre las buenas intenciones de Dios para Adán y Eva, esa semilla rápidamente creció hasta dar el amargo fruto del pecado y la muerte.

En la categoría de ingenuos que han sido engañados para pensar que apoyar el socialismo es algo benigno, también hay personas exitosas con ingresos considerables. Estas personas a menudo sienten que están demostrando amor por los pobres al votar por el socialismo. Pueden sentir que serían culpables de insensibilidad si votaran en contra del crecimiento de los programas gubernamentales o de los esfuerzos de redistribución—y, a veces, disfrutan de una sensación de redención, incluso de superioridad iluminada, cuando votan por programas socialistas. Algunas de estas personas, lamentablemente, menosprecian a quienes no lo hacen, considerándolos poco compasivos, insensibles o egoístas.

Algunos que están desanimados, sin esperanza y rotos

Aunque no todos terminaremos apoyando el socialismo, los sentimientos de profundo desaliento, desesperanza y quebranto son parte de ser humano, y describen a la mayoría de nosotros en algún momento de la vida. Muchos experimentan tales circunstancias muchas veces. Algunas personas soportan una prueba pesada durante años, incluso toda una vida. Para aquellos que han sido quebrantados por el trauma, los efectos pueden persistir durante mucho tiempo.

Y luego están aquellos que sienten que ya lo han intentado todo, que quizás incluso sienten que han arruinado sus vidas más allá de toda reparación, y se sienten tentados a rendir la esperanza. Tales personas pueden concluir que no tienen más opción que descargar su carga sobre el resto de la sociedad, sobre los hombros de aquellos que—para ellos— parecen más estables y seguros. Si este escenario te describe, primero quiero decirte que empatizo con tu dolor, con tu experiencia de traición real o injusticia a manos de otra persona o personas, o con lo que sea que hayas pasado o estés atravesando en este momento. Segundo, permíteme animarte a que confíes en que Dios cuidará de ti, incluso a través de circunstancias que sientes que no podrían ser peores (Santiago 1:2-4; Romanos 8:28). Hay esperanza. Dios ve. No sabes lo que traerá el mañana. Pero te aseguro que tu futuro será mejor si eliges confiar en Dios y hacer lo que sabes que es correcto.

Alguien que percibe que tiene pocas perspectivas de avance, o que siente que la vida no ha sido justa, puede elegir apoyar un sistema que promete ayudarle personalmente, darle una sensación de seguridad y calmar sus preocupaciones sobre el futuro. Puede estar dispuesto a sacrificar algo vago y abstracto como *la libertad* por algo que se siente más tangible, como *la seguridad*. Claro, su vida puede ser modesta, los impuestos más altos y las oportunidades de éxito limitadas. Dada su situación actual, está bien con eso. Los pensamientos de justicia y derechos humanos para aquellos que serán víctimas del socialismo parecen abstractos y distantes para muchas personas en estas situaciones, mientras que sus propios problemas son inmediatos y aterradores.

Hombres poderosos y malvados

Ahora llegamos a los canallas, y la primera de las tres categorías contiene a aquellos con una codicia insaciable por el dinero que han decidido que aprovechar el poder coercitivo del gobierno servirá mejor a sus propias aspiraciones empresariales. Contrariamente a la creencia popular, el socialismo no está principalmente impulsado por una verdadera preocupación por los pobres o los oprimidos. Como viste en el ejemplo de David en el Capítulo 10, el socialismo es *un gran negocio*, y comercia con dinero y poder. Los pobres y los que sufren son meros instrumentos que sirven como pretexto continuo para el enriquecimiento y el empoderamiento de los amigos del socialismo.

El socialismo enriquece y empodera a un tipo de hombre. No es el hombre de negocios individualista y resistente. No, es el tipo de hombre que promueve la 'asociación público-privada' y de alguna manera recoge millones o miles de millones a lo largo de su 'servicio' a la humanidad.

Un viejo eslogan comunista que fue revivido por Barack Obama en 2012 y luego retomado por Kamala Harris es "¡Adelante!"[7] Avanzamos sin cuestionar hacia dónde lleva 'adelante.' Los pastos verdes son diferentes de las piscinas llenas de fragmentos de vidrio roto, y qué destino hay adelante parece un detalle importante al trazar un rumbo. La contraparte de esta declaración fue repetida en la fallida

---

7. Victor Morton, "New Obama slogan has long ties to Marxism, socialism," *The Washington Times*, 30 de abril de 2012.

campaña presidencial de Harris en 2024, cuando ella declaró desafiante: "¡No vamos a regresar!" Harris, quien obtuvo la nominación sin tener que ganar el apoyo popular, fue la candidata presidencial más abiertamente socialista en la historia de los Estados Unidos.[8]

Los autojustificados eludidores del deber moral

Identificar la necesidad humana no es difícil. Difícilmente se puede conducir una milla o caminar unas pocas cuadras sin encontrar a alguien que necesite ayuda. No podemos resolver individualmente todos los problemas de cada persona que encontramos, ni estamos obligados a hacerlo. Recuerda, no somos el guardián de nuestro hermano; le debemos a nuestros hermanos y hermanas *justicia* (es decir, equidad ante la ley) y misericordia (bondad personal y amor). Y la instrucción básica de Jesús fue realmente bastante simple: "A todo el que te pida, dale" (Lucas 6:30). Idealmente, tú y yo deberíamos dar *algo* a todos los que pidan ayuda, y debemos tratarlo como un mandato moral especial si encontramos a alguien en una situación que amenace su vida.

Estadísticamente, los estadounidenses son las personas más generosas del mundo,[9] y los "cristianos practicantes"

---

8. Merrill Matthews, "Harris's agenda mirrors the Democratic Socialists of America," *The Hill*, 24 de septiembre de 2024.
9. Leslie Albrecht, "The U.S. is the No. 1 most generous country in the world for the last decade," *Market Watch*, 7 de diciembre de 2019.

son, con mucho, los más generosos de los estadounidenses[10] Estamos acostumbrados al diezmo y a tratar nuestro dinero con ligereza. La mayoría de los cristianos no son socialistas y la mayoría de los socialistas no son cristianos. Muchos socialistas son personas que actúan como si cuidar a los necesitados fuera *trabajo de otros*. Estas son personas que aparentemente no se molestan en tomar acción personal mediante una contribución financiera significativa, por lo que votan para obligar a otros a ocuparse de los pobres.

Los perezosos, codiciosos o moralmente depravados

Es fácil mirar a una persona exitosa e imaginar que tuvo todo fácil. Pero más a menudo de lo que pensamos, hubo mucha disciplina, autonegación, gratificación retardada y trabajo duro que precedió la historia de éxito de cualquiera. Es común ver a alguien prosperar y preguntarse por qué no eres tú. En medio de historias de éxito por doquier, el socialista susurra: *Ella no lo ganó ... es 'privilegiada'. No merece tanto. No necesita tanto. Probablemente no paga su parte justa. Debería.*

Mensajes como estos llegan al corazón de aquellos rápidos para culpar y lentos para asumir responsabilidad personal. Son personas con corazones amargados y rencorosos, que desean resultados sin dificultad, incertidumbre ni sacrificio personal. Tales personas son fácil-

---

10. Ryan Foley, "Practicing Christians give more to charity than non-Christians: study," *The Christian Post*, 15 de noviembre de 2023.

tentadas a abrazar el robo y la injusticia como un atajo hacia la riqueza y la seguridad.

Resumen del capítulo

Los seguidores del socialismo generalmente caen en dos categorías: villanos egoístas y personas bienintencionadas que han sido engañadas. Los trucos y manipulaciones de los primeros son una de las razones de la existencia de los segundos. El socialismo es un enorme negocio global lleno de dinero y poder mal habidos, y este negocio sigue llenando los bolsillos de quienes están en el control, siempre y cuando aquellos que reciben limosnas no lleguen a ser autosuficientes.

19

EL AMOR DEBE SER SINCERO

Un niño de 12 años se sentó en su cama en Madrid, España, a principios de 1983, para leer seis capítulos de su Biblia, comenzando en Génesis, luego hizo lo mismo al día siguiente, y al siguiente. Se había convertido en cristiano a los 5 años, pero ahora, como un niño al borde de la adultez, quería leer toda la palabra de Dios por sí mismo. Ese niño era yo. Terminé Apocalipsis el día que nos mudamos de regreso a Estados Unidos en 1984.

Cualquiera puede leer la Biblia completa. Todos *deberían* hacerlo. *Tú* deberías hacerlo. Pero con los años, he aprendido que la mayoría de las personas, incluso muchos de aquellos que han asistido a la iglesia junto a nosotros durante muchos años, nunca lo *han* hecho.

Hay muchas buenas razones para conocer tu Biblia. Gran parte de la sociedad en la que vives ha sido moldeada por ella y hace referencia a ella, así que si sabes lo que dice, tendrás una ventaja en la vida. Más importante aún, la Biblia contiene las palabras de Dios para nosotros, nos dice cómo ser salvos y nos da sabiduría para vivir. Puede que aún no creas que sea verdad, y está bien. Independientemente de lo que cualquiera crea que sea, cuando alguien hace una afirmación sobre lo que dice la Biblia, esa afirmación debe basarse en el conocimiento de su texto, y la única manera real de adquirir tal conocimiento es *leer la Biblia*.

Muchas personas, si es que la leen, solo se sumergen brevemente en el texto de manera ocasional, tomando lo que quieren y regresando a la superficie con poco o ningún contexto. A veces lo hacen en busca de un resultado específico, tal vez para demostrar que Dios *realmente* apoya esto, o que Él *realmente* no condena aquello. Luego, libres de las limitaciones del resto de las Escrituras, hacen que estos fragmentos digan lo que desean. A través de tales maniobras, la palabra de Dios se convierte en un simple recurso en las manos de personas que no realmente se preocupan por lo que Dios quiere, personas que, en algunos casos, ni siquiera creen que Él exista.

El Final del Asunto

Hemos cubierto mucho terreno en este libro, pero solo hemos arañado la superficie de los tesoros que puedes encontrar en la Biblia. Este libro ha sido un estudio *tópico*, lo que significa que es un intento de recorrer la Biblia en busca de respuestas a una pregunta específica, en lugar del otro método común de exploración bíblica, llamado *expositivo*, que comienza con un pasaje en lugar de un tema. Ambos tipos de estudio deben involucrar *exégesis*. La exégesis significa sacar y presentar fielmente—descubrir—lo que el Autor del texto está diciendo, en lugar de tratar de secuestrar el texto para que apoye otro mensaje que tal vez nunca fue su intención (eso se llamaría *eisegesis*, y no es una buena forma de abordar la Biblia). Durante este estudio, he intentado minimizar la repetición y evitar alargar demasiado los puntos. No quería fatigarte citando demasiados versículos o entrando en detalles excesivos, pero también quería que sintieras el peso de estas muchas referencias, para que supieras que existen.

Si has leído la Biblia de principio a fin, e incluso tal vez lo hayas hecho varias veces, espero que hayas descubierto (como yo lo he hecho) que, aunque está llena de detalles y desbordante de aspectos que podrían ser explorados durante muchas vidas, y aunque sus 66 libros contienen una gran variedad y fueron escritos por múltiples autores en tiempos, lugares y circunstancias diferentes, también cuenta una historia consistente y unificada.

La historia unificada de la Biblia, como se mencionó en el Capítulo 3, es la del amor y la provisión de Dios para la humanidad, a quien Él creó a Su imagen con el propósito de tener una relación amorosa con Él. Desde que el pecado entró al mundo a través de Adán y Eva, la Biblia también cuenta la historia de la redención (rescate) misericordiosa de Dios para aquellos que estaban perdidos—tú y yo. El salvavidas por el cual podemos ser salvados—el único (Hechos 4:12)—es Jesucristo, quien pagó por todos los pecados de cualquiera que confíe en Él. Nos aferramos a este salvavidas creyendo en Su nombre (Juan 1:12), pero la obra salvadora no es nuestra—es de Dios (Efesios 2:8-9).

Considerando el vasto tamaño y la belleza del universo, algunas personas podrían pensar que es ridículo afirmar que el propósito de la creación de Dios podría estar tan enfocado en la preocupación por los seres humanos individuales, criaturas diminutas en un pequeño planeta, cuyo conjunto es una mota minúscula entre trillones y trillones de estrellas y galaxias que abarcan distancias inimaginables cuyo fin aún no se ha discernido. Por supuesto, estos son asuntos profundos que podríamos ponderar y discutir durante mucho tiempo. Pero si la Biblia es la palabra de Dios, entonces tenemos el testimonio directo de Dios mismo de que esto es, de hecho, así.

El tema de este libro, en realidad, trata de una gran pregunta sobre lo que realmente significa la justicia en nuestra relación con los demás. La cultura dominante hoy en día—que a veces se llama el 'espíritu del tiempo'—afirma que la justicia entre los seres humanos requiere igualdad en los resultados materiales, independientemente de todos los demás factores, y que esta igualdad debe ser adjudicada y aplicada por alguna autoridad gubernamental humana.

Como he argumentado en este libro, la Biblia discrepa profundamente con el espíritu del tiempo sobre este tema. Afirma tanto la justicia como la misericordia, al mismo tiempo que define claramente lo que esos términos significan. La justicia bíblica incluye la afirmación de la propiedad y una correspondiente prohibición del robo y de la codicia— además de afirmar que las tasas de pago diferentes (basadas en un acuerdo mutuo entre las partes) y los niveles de riqueza diferentes son *justos*.

Entonces, ¿cuál es la conclusión para nosotros, en lo que respecta al socialismo? Hay varias formas en que podríamos expresarlo, pero combinando una declaración de Jesús con las palabras del profeta Miqueas, concluimos de esta manera:

> Ama al Señor tu Dios, y ama a tu prójimo como a ti mismo (Mateo 22:36-40). Hacer esto te llevará a hacer justicia, amar la misericordia y caminar humildemente con tu Dios (Miqueas 6:8). Amar a Dios y caminar humildemente con Él significará guardar Sus mandamientos (Juan 14:15), y estar de acuerdo con Él (en lugar de con el mundo) sobre lo que es correcto y lo que es incorrecto, amando lo que Él ama y aborreciendo lo que Él aborrece.

El título de este libro enfatiza mi afirmación de que el socialismo (según la definición en el Capítulo 1) está equivocado, y que aunque los cristianos puedan apoyarlo, no pueden hacerlo sin dar la espalda a los mandamientos de Dios. A lo largo de este libro, he presentado desde la Biblia las razones por las cuales creo que esto es así. Por supuesto, así como hay cristianos que son adúlteros y asesinos,[1]

---

1.   Y antes de que cualquiera de nosotros, que no hemos cometido adulterio literal, fornicación o asesinato, nos sintamos demasiado cómodos, se nos recuerda las palabras de Jesús: "Pero Yo les digo que todo el que mire a una mujer para codiciarla ya cometió adulterio con ella en su corazón." (Mateo 5:28), y "todo aquel que esté enojado con su hermano será culpable ante la corte [es decir, de asesinato]" (Mateo 5:22).

también existen cristianos que apoyan el socialismo—si han confiado en Jesús para el perdón de sus pecados, están salvados y estarán con nosotros en el cielo. Nunca he oído hablar de una persona que deje de pecar por completo después de seguir a Jesús. Y al tratar unos con otros, debemos recordar la gracia que nosotros mismos recibimos de parte de Dios: "Porque por gracia ustedes han sido salvados por medio de la fe, y esto no procede de ustedes, sino que es don de Dios; no por obras, para que nadie se gloríe" (Efesios 2:8-9).

Todos tenemos aristas ásperas y corazones duros que se suavizan y brillan más con el tiempo, a medida que nos permitimos estar en la presencia de Jesús. Cuando Moisés bajó del monte después de pasar tiempo con Dios, su rostro brillaba tanto que tuvo que ponerse un velo (Éxodo 34:29-30). De manera similar, nuestras vidas brillan más a medida que pasamos tiempo en la presencia de Jesús. "Pero la senda de los justos es como la luz de la aurora, que va aumentando en resplandor hasta que es pleno día" (Proverbios 4:18). En una de las analogías más conmovedoras que conozco, el músico Keith Green comparó a las personas con vitrales cuya belleza solo se revela cuando el Hijo brilla a través de ellos.[2]

Espero que haya quedado claro, a medida que hemos recorrido las escrituras juntos, que el socialismo no se alinea con la justicia, y que, por lo tanto, no debes abrazarlo ni abogarlo. Gracias por leer.

---

2. Las palabras en inglés para "hijo" y "sol" suenan igual. Green, Keith, y Melody Green. "Stained Glass." La pista 9 en *No Compromise*. Sparrow, 1978, disco de vinilo.

APÉNDICE: SOBRE LA TEOLOGÍA DE LA LIBERACIÓN

Las teologías de la liberación son sistemas teológicos que modifican a las personas, las palabras y las historias de la Biblia para apoyar el materialismo igualitario radical, también conocido como marxismo.

Las pistas de que un sistema puede ser teología de la liberación en lugar de teología bíblica incluyen el uso prominente de términos como 'justicia social', 'opresión', 'liberación', 'violencia', 'victimización', 'clase', 'privilegio', 'lucha', 'pelea', 'desigualdad', 'acceso', 'solidaridad', 'dignidad', 'pobreza', 'estructural' o 'institucional' (por ejemplo, pobreza, racismo, etc.), 'asequible' o 'alcanzable' (por ejemplo, vivienda, atención médica, etc.) o 'escándalo' (por ejemplo, el escándalo de la pobreza, de la desigualdad, etc.), todos los cuales son propios del marxismo, pero no son términos o conceptos centrales en la teología bíblica.

La teología de la liberación creció en los pasillos académicos durante la última parte del siglo XX como parte de una estrategia de los marxistas para superar su 'problema cristiano'. El marxismo tiene solo tres opciones cuando se trata del cristianismo bíblico:

1. Dominar o destruir a sus adherentes
2. Ser destruido por ella
3. Someterla haciéndola parecer que apoya al marxismo

Aunque la primera opción se practicó comúnmente en el siglo XX,[1] la tercera opción también ha sido adoptada, y se ha manifestado en formas como la Iglesia de los Tres Autos de China (la Iglesia Protestante Patriótica China) y en el crecimiento de las teologías de la liberación. Esta última ha demostrado ser bastante efectiva para el avance del marxismo en Europa Occidental, Estados Unidos y Canadá, América Latina y el África subsahariana.

Las injusticias reales, pasadas y presentes, alimentaron el surgimiento y el atractivo popular de las teologías de la liberación. Sin embargo, la superposición del pensamiento marxista, que subordina todo a una reducción materialista radical de las relaciones humanas a un sistema binario y rígido de opresor versus oprimido, rico versus pobre, favorecido versus desfavorecido, el poderoso versus el impotente, es lo que hace que las teologías de la liberación sean en su

---

1. Muchos de los más de 100 millones de personas señaladas para ejecución por los comunistas han sido cristianos, incluidos pastores, eruditos, maestros y evangelistas.

mayoría irreconciliables con la Biblia. En desafío directo a Levítico 19:15 y otros mandatos bíblicos como Éxodo 23:3, las teologías de la liberación tienden a representar a aquellos designados como opresores, favorecidos, ricos o poderosos como menos merecedores, o incluso indignos, de justicia.

La teología de la liberación y su relación con la justicia bíblica. El rechazo generalizado de la propiedad por parte de las teologías de la liberación también las hace hostiles a la justicia bíblica. De hecho, el divorcio del marxismo entre la justicia y el trabajo, y sus frutos, junto con una visión baja del valor humano, así como la preferencia de los teólogos de la liberación por la *eisegesis* bíblica basada en agravios y venganza humana en lugar de gracia y esperanza fundamentadas en la justicia bíblica, hacen que estos sistemas perpetran injusticia en lugar de aliviarla. A menudo, el resultado es más grave que los problemas que pretenden abordar.

La teología de la liberación es activista por naturaleza y se alinea con políticas de izquierda o revolucionarias, tanto en los Estados Unidos como en el extranjero. Hoy en día, la teología de la liberación se utiliza para dar una fachada de respetabilidad bíblica a las políticas de identidad del feminismo socialista y marxista, los movimientos LGBTQ+, la defensa de las fronteras abiertas, el socialismo, los sindicatos, el aborto a demanda, las causas medioambientales que espiritualizan la naturaleza y elevan a las plantas y los animales por encima de la humanidad, el multiculturalismo, el totalitarismo (incluidas organizaciones fascistas como Antifa con sus tácticas violentas y autoritarias) y movimientos similares.

Sus Orígenes

La teología de la liberación surgió con su nombre en la última parte del siglo XX, pero forma parte de tendencias espirituales, sociales, políticas e intelectuales más antiguas. Áreas importantes de su surgimiento y desarrollo en el último medio siglo han incluido América Latina, la Iglesia Católica y la izquierda estadounidense (y británica), particularmente en iglesias y seminarios teológicamente liberales (es decir, aquellos que tienen una baja visión de las Escrituras).

La base moderna para la teología de la liberación se estableció en el ethos de la Revolución Francesa. La teología de la liberación, en la mayoría de sus manifestaciones, va en contra de dos principios fundamentales de la declaración estadounidense de "libertad y justicia para todos": 1) el reconocimiento estadounidense (y bíblico) de que la propiedad (es decir, el fruto del trabajo humano) es una condición necesaria tanto para la libertad como para la justicia, y 2) la afirmación estadounidense (y bíblica) de la igualdad entre los seres humanos y que la justicia no muestra favoritismos. Ambos son generalmente rechazados por las teologías de la liberación.

De manera concurrente con el trabajo de los abolicionistas para elevar a los Estados Unidos a estos dos principios que sustentan la afirmación de la Declaración de Independencia de que la vida, la libertad y la búsqueda de la felicidad son derechos naturales de todo ser humano, se estaba sentando una base alternativa por parte de los intelectuales materialistas de finales del siglo XIX en los Estados

Unidos, basada en la proposición de que los derechos son construcciones sociales en lugar de universales. Estas ideas encontraron un terreno fértil en el relativismo moral interesada del Sur derrotado al final de la Guerra Civil y lograron puntos clave en el gobierno estadounidense con la aprobación de las 16ª y 17ª Enmiendas a la Constitución de los EE. UU., lo que hizo posible la implementación de la Gran Sociedad de FDR. Aunque el movimiento no era nuevo, el término 'teología de la liberación' fue acuñado por Gustavo Gutiérrez en 1971, y rápidamente pasó a describir una escuela de teólogos que compartían estos principios.

La teología de la liberación es 'teología' porque hace afirmaciones acerca de Dios. Sin embargo, se basa en concepciones de la justicia, la naturaleza de la realidad y la naturaleza de la humanidad que son ajenas al Antiguo y al Nuevo Testamento, pero que son abrazadas y promovidas por filósofos políticos como Platón, Emmanuel Kant, G.W.F. Hegel, Karl Marx, Martin Heidegger, Jacques Derrida y otros. La teología de la liberación se ha convertido en el paradigma preferido y dominante entre las élites gobernantes y académicas de todo el mundo, incluidas las Naciones Unidas, quienes prefieren ver los derechos como algo determinado políticamente y originado por las instituciones humanas.

A medida que las teologías de la liberación utilizan los conceptos de 'víctima' y 'opresor' para avanzar hacia una revolución política, la naturaleza elusiva de la igualdad material asegura la imposibilidad de una resolución real. Esta circunstancia crea una ventaja política continua para individuos que se benefician del resentimiento, como los políticos que prometen redistribuir la riqueza o los jefes sindicales que embolsan millones a costa de los trabajadores que 'protegen.' De este modo, la salvación se hace contingente a una equidad material absoluta, y se coloca eternamente fuera del alcance de todo ser humano, quien luego es invitado a cultivar un odio y resentimiento de por vida hacia aquellos que encajan en alguna parte de la categoría de 'opresores.' Las teologías de la liberación, debido a su raíz en el materialismo y la baja visión marxista del valor humano, a menudo justifican la violencia, incluso hasta el asesinato masivo, siempre y cuando las personas a las que se les cause daño sean definidas como 'opresores.'

La Iglesia Católica y la Doctrina Social Católica

En mayo de 1891, el Papa León XIII emitió la encíclica *Rerum Novarum*. El documento, por un lado, afirma el derecho a la propiedad y rechaza el socialismo como una injusticia. Sin embargo, también está saturado de jerga y categorías marxistas. Los términos 'clase(s)' y 'la clase trabajadora' aparecen 32 veces en el espacio de 20 páginas, y el documento utiliza el término 'proletario', además de hacer referencia al aparente oxímoron 'competencia desenfrenada'.

La **Rerum Novarum** contiene las semillas de lo que más tarde se conocería como la "opción preferencial por los pobres", cuando afirma que "cuando se trata de defender los derechos de los individuos, los pobres y los desamparados tienen derecho a una consideración especial." La declaración parece tener la intención de contrarrestar las ventajas de los ricos mediante una ventaja impuesta a los pobres o débiles. Sin embargo, aquí contradice la justicia bíblica, que dice que ni los ricos ni los pobres deben recibir favoritismo, sino que todos deben ser juzgados con justicia (Levítico 19:15).

La *Rerum Novarum*, aunque defiende correctamente la propiedad como esencial para la justicia, sin embargo, abrió la puerta tanto a la injusticia como al socialismo, cuando declaró: "la administración pública debe proveer debidamente y con solicitud para el bienestar y la comodidad de las clases trabajadoras," y "la justicia... exige que los intereses de las clases trabajadoras sean vigilados cuidadosamente por la administración," y otras declaraciones similares. El error de la *Rerum Novarum* en estos puntos sentó las bases para la posterior relación de la Iglesia Católica con la teología de la liberación.

Habiendo ganado terreno en la Iglesia Católica de América Latina a lo largo de las décadas de 1960 y 1970, el marxismo finalmente dio sus frutos en la forma de un Papa socialista de pleno derecho, Francisco. Douglas Farrow abrió su artículo de 2017 en la revista católica *First Things* con la frase: "'¿Es el papa católico?' solía ser una respuesta, no una pregunta."[2] La referencia aquí no se limita solo a la aceptación de la teología de la liberación por parte de Francisco, sino también a su postura laxa y aparentemente comprometida respecto a asuntos morales que, desde el punto de vista bíblico, son no negociables.

---

2. Douglas Farrow, "Discernment of situation," *First Things*, marzo 2017.

Otras Teologías de la Liberación

El peruano Gustavo Gutiérrez comenzó a utilizar el término 'teología de la liberación' a fines de la década de 1960. En 1971, John Rawls publicó su extenso libro *A Theory of Justice* (Teoría de la justicia), que redefinió la justicia utilizando términos marxistas (por ejemplo, 'justicia distributiva') y se convirtió en la piedra angular del activismo de justicia social en Occidente, que continúa hasta el día de hoy. James Cone es el padre de la teología de la liberación negra. Las teologías de liberación feminista y womanista también han sido importantes, al igual que las teologías de liberación latinoamericanas y del Tercer Mundo, siendo estas últimas fuertemente entrelazadas con la Iglesia Católica.

Resumen

Las teologías cristianas varían en muchos puntos, pero todas afirman ciertas proposiciones centrales: 1. Dios no es un mito ni una invención, sino que existe eternamente aparte de Su creación temporal, 2. Dios ha hablado, 3. Dios creó a todos los hombres y mujeres a Su imagen y les dio dominio sobre la tierra, 4. La Biblia Hebrea y el Nuevo Testamento en sus lenguas originales constituyen la revelación inerrante de Dios, 5. Jesús no fue un simple hombre, sino la Palabra que estaba con Dios y era Dios desde el principio; Su muerte y resurrección son la única posible expiación por el pecado, eficaz para todos los que se refugian en ella, 6. La justicia debe ser buscada, pero la alegría en esta vida no depende de las circunstancias materiales. La mayoría de los teólogos de la liberación niegan, de manera explícita o implícita, una o más de las seis proposiciones anteriores. En la mayoría de los casos, la teología de la liberación no es, por lo tanto, una teología cristiana.

Muchos teólogos de la liberación, de hecho, son escépticos respecto a la autoridad de la Biblia e incluso, en ocasiones, sobre la existencia de Dios. Algunos son ateos declarados. Sin embargo, la existencia real de un universo espiritual invisible que es tan real como el mundo material, incluida la existencia de un Dios que juzga, que ve a los pobres y oprimidos, y que sin duda abordará todo mal, son principios sólidos y explícitos en la Biblia Hebrea y el Nuevo Testamento. Los teólogos de la liberación, en general, harían bien en volver a la instrucción bíblica: "No seas vencido por el mal, sino vence el mal con el bien" (Romanos 12:21), y la instrucción de Jesús de orar por los que los persiguen y bendecir a los que los maldicen (Mateo 5:44).

Quizás la mayor ironía de la teología de la liberación es su nombre. El corazón del evangelio es que las personas pueden ser libres de la esclavitud al pecado, completamente perdonadas: "Así que, si el Hijo los hace libres, ustedes serán realmente libres" (Juan 8:36, ver también Salmo 147:3 y Isaías 61:1). Esta declaración no depende de la situación material de una persona, sino solo de Jesús mismo. Las teologías de la liberación ponen la alegría perpetuamente fuera de alcance, dependiendo de una situación social que es humanamente imposible y, por lo tanto, nunca existirá. Tal resentimiento beneficia a los defensores políticos de la revolución, pero adormece el espíritu humano y niega la alegría que Jesús pone a disposición incluso en las peores circunstancias.

En resumen, la teología de la liberación es un proyecto marxista para infiltrar y neutralizar a los cristianos, condicionándolos a preferir la teología marxista sobre la teología bíblica, engañándolos para que crean que la primera es, de hecho, la segunda. El propósito de la teología de la liberación es persuadir a los cristianos de abandonar una visión bíblica correcta del mundo y de sus semejantes.

Índice de Referencias Bíblicas